Sabine Herold

Wenn der Schmerz ein Ende nimmt

Eine Frau bewältigt den Missbrauch

R BROCKHAUS

Umschlag: Ursula Stephan, Wetzlar
Umschlagfoto: ZEFA, Düsseldorf
Satz: Christoph Möller, Hattingen
Druck: Breklumer Druckerei Manfred Siegel KG

ISBN 3-417-483-2 (R. Brockhaus Verlag)
Bestell-Nr. 224 830

ISBN 3-89175-195-8 (Blaukreuz-Verlag)
Bestell-Nr. 180195

Für alle, die seit Jahren einen Rucksack
voller Schmerzen mit sich tragen
und die ihn noch nie ausgepackt haben.
Für alle, die es wagen wollen zu leben
– trotz allem, was war.

Was könnte passieren ...
wenn alle meine Tränen sähen,
wenn jeder das Vergangene ahnte,
wenn sie wüssten, wer ich bin und wie;
wenn ich wie ein offener Brief wäre – von allen zu lesen?

Was wäre ...
wenn ich die Fassade nicht mehr aufrechterhalten,
den Schein nicht mehr wahren könnte,
wenn ich mich als die zeigte, die ich wirklich bin –
wenn ich endlich reden würde?

Und wenn ...
sie kein Verständnis hätten;
sie mich auslachen und verspotten würden;
sie mich mieden und mit dem Finger auf mich zeigten;
sie mich mit Blicken verfolgen und noch mehr erniedrigen würden ...

Was habe ich zu verlieren?
Du, Jesus, hast scheinbar alles verloren – und alles gewonnen!

Darum will ich ...
nicht mehr schweigen,
sondern von dem reden, was war,
das Alte loslassen und
als die leben, die ich durch dich bin, Herr!

Vorwort

Diese Geschichte ist für alle, die bis jetzt noch nie oder kaum über ihre Vergangenheit gesprochen haben und die doch einen schweren Rucksack an Erinnerungen mit sich herumtragen.
Schritt für Schritt habe ich gelernt, über Alltägliches, aber auch über Inneres zu sprechen und schließlich auch das Unaussprechliche in Worte zu fassen.

Egal ob ein Mensch ein schlimmes Erlebnis gehabt oder fast täglich Qualen durchlitten hat – jedes Ereignis in der Kindheit, jeder Übergriff durch andere Menschen, jedes Ausgelachtwerden kann eine Seele tief verletzen und den Lebensmut nehmen.

Viele Jahre lang – eigentlich meine ganze Kindheit über – habe ich mich in mich selbst zurückgezogen, geschwiegen, Erniedrigungen zugelassen und mich ununterbrochen um daheim gesorgt: um meinen alkoholabhängigen Vater, um meine von ihm abhängige Mutter und um meine Geschwister – und war selbst gefangen im ganzen Familiensystem. Ich habe geschwiegen, während meine Seele geschrien hat. Ich wollte nicht mehr leben und versuchte, mich umzubringen, Unfälle zu bauen, doch mein Inneres hat sich nach einem erfüllten Leben gesehnt.

Die Geschichte versucht auch, meinen Kampf darzustellen, NEIN zu sagen, es aber meistens doch nicht zu schaffen – vor allem gegenüber Männern. So erlebte ich oft Übergriffe, ließ mich ausnutzen und meine Grenzen überschreiten. Ich habe als Kind nie gelernt, mich zu wehren, NEIN zu sagen, zu widersprechen, zu sagen, was ich will. Dies wurde mir wiederholt zum Verhängnis.

Erst als ich Menschen kennen lernte, bei denen ich einfach sein durfte, auch wenn ich kein Wort sagte, die mich annahmen, so wie ich war, die mich ernst nahmen und bei denen ich ich selbst und echt sein konnte, wagte ich mich aus meinem Schneckenhaus heraus und redete. Früher konnte ich stundenlang schweigen, auch bei Therapeuten. Wenn mir eine Frage gestellt wurde, sah ich mein Gegenüber groß an und sagte keinen Ton. Wenn ich dazu aufgefordert wurde, über meine Gefühle zu sprechen, wusste ich überhaupt nicht, was ich sagen sollte, denn erstens konnte ich nicht sagen, was ich fühlte, wenn ich etwas spürte, und zweitens fühlte ich meistens gar nichts. Ich wusste nicht, was ein Gefühl war. Durch mein Schweigen erlebte ich jedoch wiederholt, dass ich nicht ernst genommen, abgelehnt wurde und unter die Räder kam. Ich merkte auch, dass ich in der Seelsorge nicht weiterkomme, wenn ich nichts sage. Schließlich wagte ich es ...

Diese Geschichte ist auch für diejenigen, die andere Menschen in schwierigen Situationen begleiten und sie verstehen wollen.

Ich danke allen Personen, die mich ein Stück weit begleitet haben und die mich ernst nahmen: für jede Begegnung, für jede offene Tür, für jedes Gespräch, denn dadurch habe ich wieder neuen Lebensmut bekommen. Ich danke vor allem auch Gott, der mich bis jetzt nie losgelassen hat. Auch wenn ich vieles, was ich erlebt habe, noch nicht verstehe und auf das Warum keine Antwort habe, merke ich im Rückblick, dass er immer da war. Ich bin froh, dass ich vor ihm meine Fragen stellen, dass ich vor ihm klagen und anklagen darf. Von Christen und Gemeinden wurde ich schon enttäuscht, aber Gott ist anders! Er hört immer zu, und er versteht mich. Er nimmt mich an, so wie ich bin. Mit ihm erlebe ich ein Stück weit das Gefühl, zu Hause zu sein.

Lieber Lukas,

als du gestern im Zug davonfuhrst und die Rücklichter nicht mehr zu sehen waren, kam es mir vor, als wenn ein Stück von mir davonfahren würde. Und jetzt ist es, als wenn ich dich schon eine Ewigkeit nicht mehr gesehen hätte. Am liebsten möchte ich dich festhalten und immer bei mir behalten. Am liebsten würde ich ununterbrochen mit dir zusammen sein. Mir ist an diesem Wochenende bewusst geworden, dass ich dich durch diesen Wunsch manchmal einenge. Das tut mir Leid. Ich will dir einerseits Freiheit lassen, habe aber auch Angst, dich zu verlieren. Ich hatte bis jetzt noch nie eine so enge Bezugsperson wie dich und kann richtig eifersüchtig werden, wenn du mit anderen zusammen bist oder redest. Manchmal habe ich Angst, jemand außer mir könnte deine guten Seiten erleben und dich mir wegnehmen. Ich merke aber auch, wie wichtig es ist, dich loszulassen und dir den Freiraum zu geben, den du brauchst. Das will ich lernen und bin dabei, es zu üben. Ich möchte dir aber ehrlich sagen, dass mir das nicht so leicht fällt.

Die Zeit mit dir war wunderschön. Ich habe fast jeden Augenblick, den wir zusammen waren, genossen – fast. Das ist auch der Grund, warum ich dir heute diesen Brief schreibe. Es fällt mir manchmal ziemlich schwer, meine Gedanken mündlich zu formulieren. Beim Schreiben habe ich mehr Zeit zum Nachdenken, kann den Stift auch wieder zur Seite legen, kann noch einmal von vorne anfangen oder ganz aufhören.

Als wir vor einigen Tagen in der Stadt waren und nach neuen Kleidern für mich gesucht haben, kamen mir viele Erinnerungen in den Sinn. Vor wenigen Jahren wäre es unmöglich gewesen, mit mir Kleider einkaufen zu gehen. Wenn schon, dann hätte ich das alleine erledigt – ohne Erfolg.

Dass ich die Sachen, die wir gekauft haben, auch wirklich trage, ist ein Fortschritt.

Dir gefallen eng anliegende Kleider an mir, hast du gesagt, und ich glaube dir. Ich bin noch dabei, mich an die »Enge« zu gewöhnen, aber ich merke, dass ich mich tatsächlich umgewöhnen kann. In manchen Momenten fühle ich mich sogar wohl, wenn ich den Stoff spüre, der meine Haut berührt.

Wenn ich ehrlich bin, dann trage ich immer noch am liebsten Trainerhosen oder bleibe den ganzen Tag über im Pyjama, denn darin sieht man nichts von meiner Figur.

Du sagst mir auch immer wieder, dass du mich hübsch findest, dass dir meine Figur gefällt und dass ich mein Aussehen nicht hinter weiten »Säcken« verstecken muss. Hm, da habe ich zum Teil Mühe, dir zu glauben. Meinst du das ehrlich oder bist du höflich? Hinter mir liegt ein langer Weg von Selbstablehnung mit Lichtblicken weniger Versuche von Selbstannahme. Ich arbeite daran, mich anders zu kleiden, und bin dabei, mich so anzunehmen, wie ich bin. Das ist nicht immer leicht. Das JA zu mir als Person habe ich inzwischen gefunden, was jedoch mein JA zu meinem Körper betrifft, so würde ich sagen, dass ich da erst die Hälfte geschafft habe. Oft fühle ich mich zu dick, obwohl ich im Vergleich zu anderen wirklich nicht dick bin. Wenn du mir dann Komplimente machst, kommen mir im ersten Moment Zweifel. Andererseits tun sie mir natürlich gut und helfen mir auch bei der Selbstannahme. Ja, ich weiß, die sollte von mir her kommen und nicht davon abhängen, ob mich andere annehmen oder nicht ... – trotzdem!

Die Stunden mit dir tun mir gut. So viele Jahre lang habe ich mich nach einem echten Gegenüber gesehnt, nach einem Menschen, der mich zu verstehen versucht, der mir zuhört, der sich mir öffnet, dem ich mich öffnen kann, aber da war immer auch die Angst vor Verletzungen, die Angst vor Missverständnissen, vor Ablehnung, vor Enttäuschungen. Die größte Angst hatte ich vor meinem alkoholabhängigen Vater, dessen Willkür die ganze Familie tyrannisierte. Diese Angst hat mich ganz beherrscht: am Tag und in der Nacht, in der Schule und in den Ferien. Diese Angst, von der Willkür und Laune anderer Menschen abhängig zu sein beziehungsweise mich abhängig zu machen, verunsichert mich manchmal immer noch und macht mich anderen gegenüber misstrauisch. Ich hatte lange Zeit keine feste Freundin geschweige denn einen richtigen Freund wie dich. Ich habe viele Jahre lang ein Außenseiter-Dasein geführt: im Kindergarten, in der Schule, in der Jungschar, während der Ausbildung ... Vielleicht habe ich mich vor lauter Angst auch selbst zur Außenseiterin gemacht. Für mich ist unsere Beziehung ein Stück weit Neuland, in dem ich neu vertrauen lerne, aber ich habe auch Angst, wieder verletzt zu werden – von dir. Ich merke, dass ich Zeit brauche – Zeit, dich noch besser kennen zu lernen, und Zeit, mich selbst zu öffnen, damit auch du mich noch besser kennen lernen kannst.

Bisher habe ich dich verständnisvoll erlebt, aber ich merke doch, dass es Augenblicke und Situationen gibt, in denen du mich überhaupt nicht verstehst und wahrscheinlich auch nicht verstehen kannst.

Beim Abschied am Bahnhof hast du mich umarmt. Diese Umarmung hat mir am Anfang gut getan. Als du mich dann gestreichelt hast, kam die Angst, du würdest mich an Stellen berühren, an denen ich nicht berührt werden will. Ich bin dir ausgewichen, habe dir aber nicht genau erklärt, was gerade in mir vorgeht. Ich habe gemerkt, wie dich mein Verhalten verletzt.

Darum will ich dir jetzt schreiben und versuchen, mich klar auszudrücken.

Von klein auf habe ich mich nach Geborgenheit, Annahme, Liebe gesehnt, sie aber nicht bzw. zu wenig bekommen. Ich wollte von meinen Eltern in den Arm genommen und gestreichelt werden, was sie – aus welchen Gründen auch immer – nicht taten. Ich habe in meiner Familie nicht die Geborgenheit bekommen, die ich mir so gewünscht habe. Oft wünschte ich mir eine andere Familie, andere Eltern. Mit dieser Sehnsucht habe ich dann viele schmerzhafte Erfahrungen gemacht, die mich verletzten. In der Hoffnung, Geborgenheit zu bekommen, gab ich zu viel von mir, ging aber selbst leer aus.

Echte Geborgenheit habe ich dann von Gott her erlebt: bedingungslose Annahme, Liebe, Heimat. Diese Beziehung ist für mich eine Grundlage für alles andere, für mein ganzes Leben. Ohne Gott wäre ich schon längst nicht mehr am Leben, denn es gab Tage, an denen ich mit allem abschließen wollte. Aber jetzt lebe ich – Gott sei Dank! Ich lebe und will leben und genieße das Leben. Nein, das ist kein Höhenflug der Gefühle, sondern ein JA zum Leben, zu meinem Leben und ein JA, das ich jeden Tag neu sprechen will.
Der Glaube an Gott ist mir schon von klein auf wichtig

gewesen. Er ist für mich Halt, Hoffnung und gerade dann echte Hilfe, wenn ich keinen Menschen mehr habe, was in meinem Leben bisher oft vorkam.

Wenn ich zurückblicke, dann war Gott in allen Erlebnissen ganz nah, auch wenn ich manchmal gedacht habe, dass er weit weg ist und sich nicht um mich kümmert. Ich habe Gott oft als den Schweigenden erlebt, als den, der mir keine Antworten gibt, aber er war trotzdem da – das glaube ich. Ich habe nicht auf alle meine Fragen Antworten bekommen und werde sie wohl auch in diesem Leben nicht bekommen, aber ich darf ihm meine Fragen stellen, und das tue ich inzwischen. Heute kann ich sagen: Das Leben ist schön und ich lebe gerne. Bis vor einiger Zeit konnte ich das noch nicht. Heute kann ich mit Freunden feiern und lachen. Damals beherrschten Stimmungstiefs, Trauer und Müdigkeit meinen Alltag, den ich alles andere als zum Lachen fand.

Damals erlebte ich eine Grenzüberschreitung nach der anderen und wurde verletzt. Ich versuchte um der Harmonie willen, es allen recht zu machen. Was ich jedoch erntete, war alles andere als Harmonie, sondern eine tiefe Zerrissenheit in mir selbst, Unruhe, Angst. Ich verleugnete mich selbst, war schließlich nicht mehr ich, nur noch ein Schatten. Jetzt bin ich kein Schatten mehr und führe auch kein Schattendasein mehr. Ich lebe im Licht – mit seinen Sonnen- und Schattenseiten.

Das bedeutet für mich aber auch, klar zu sein – authentisch, das heißt so zu leben, dass mein Reden, Tun und Verhalten mit meinem Inneren übereinstimmt. Dass ich echt bin. Es heißt ehrlich sein, auch wenn es den einen oder anderen Konflikt mit sich bringt, auch wenn ich es nicht allen recht mache, was ich sowieso nicht kann.

Darum will ich auch vor dir echt sein, was ich gestern am Bahnhof nicht ganz war, indem ich dir verschwiegen habe, was in mir vorgeht.

Deine Berührungen gingen mir zu weit. Da wurden meine Grenzen überschritten. Ich habe sie dir nicht mitgeteilt. Ich will meine Grenzen wahrnehmen und sie kommunizieren. Manchmal gelingt es mir ganz gut, manchmal überhaupt nicht. Gerade weil du mir wertvoll bist und ich dir mehr vertraue als anderen Menschen, will ich bei dir üben, echt zu sein und das zu sagen, was ich will oder nicht will – und die Konsequenzen tragen.

Du ahnst wahrscheinlich, dass da meine ganze Vergangenheit dahinter steckt, und die sollst du wissen, damit du mich nicht nur als Karin kennst, wie ich heute bin, sondern auch als Karin, die ich damals war, damit du mich besser verstehen kannst, wenn Überreste der Karin von damals durchschimmern. Meine Vergangenheit hat an und in mir Spuren hinterlassen, Narben, die noch sichtbar sind, und diese Narben will ich dir zeigen – nicht alle auf einmal, aber nach und nach. So nehme ich dich mit auf eine Reise in meine nahe und ferne Vergangenheit, in meine Kindheit und in die letzten Jahre, bevor wir uns kennen lernten ...

Deine Karin

Die Weite suchen …

Wieder einmal stehe ich in einem Kleidergeschäft und suche die Ständer nach einem modischen, eng anliegenden Kleidungsstück durch. Heute will ich eine modische Schlaghose kaufen, dazu ein passendes Oberteil, das die Linie betont. Hohe Schuhe habe ich schon – immer noch im Schuhkarton. Aber ich werde sie bestimmt tragen, sobald ich die passenden Kleider gefunden habe.

Ich finde nichts, was mir auf Anhieb zusagt. Unschlüssig sehe ich mich im Laden um. Dann drehe ich mich zum Ausgang und gehe weiter. Im nächsten Kaufhaus setze ich meine Suche fort.

So geht es schon jahrelang. Meine Kolleginnen machen mich immer wieder darauf aufmerksam, dass ich mir doch mal etwas Modisches zulegen sollte, anstatt im altgewohnten Look aufzutreten: dunkler Trainer, dunkler weiter Pulli, Turnschuhe – und das in allen Variationen. Alle paar Wochen packt es mich und ich durchkämme die halbe Stadt nach neuen, modischen Kleidern. Doch wenn ich überhaupt etwas finde, dann bekomme ich spätestens vor dem Spiegel einen Schock, wenn ich mich in den Kleidern sehe, die man bzw. frau momentan so trägt oder tragen sollte – laut Mode. Ich beruhige mich erst dann, wenn ich wieder in meiner altvertrauten Kleidung stecke und den Laden verlassen habe.

So auch an diesem Tag. Doch ich habe mir vorgenommen, die Stadt nicht zu verlassen, bis ich das Passende gefunden habe, selbst wenn ich bis Ladenschluss suchen muss.

Im nächsten Geschäft klingt mir beruhigende Instrumentalmusik entgegen.

»Na, wenigstens stimmt hier die Hintergrundmusik. Vielleicht ist es mit den Kleidern dann nur halb so schlimm«, denke ich und fahre die Rolltreppe bis zum ersten Stock nach oben, auf dem sich die Damenkleider befinden. Meine

Augen durchsuchen einen Kleiderständer nach dem anderen. Ein paar Minuten später stehe ich wieder vor dem Geschäft.

»Nicht gerade was für mein Alter. Da kann ich in zwanzig Jahren noch einmal vorbeischauen!«

So langsam bin ich etwas frustriert und ärgere mich, dass ich mich von der Meinung meiner Kolleginnen überhaupt beeinflussen lasse. Andererseits will ich auch nicht dadurch auffallen, dass ich als Einzige weite Hosen und Oberteile trage.

Müde betrete ich das nächste Geschäft. »Young people« steht am Eingang.

»Auf geht's!« Zielgerichtet steuere ich auf den ersten Kleiderständer zu. Schon nach kurzer Zeit halte ich eine Hose in der Hand, wie ich sie mir in etwa vorgestellt habe.

»Jetzt nur noch das passende Oberteil finden.« Ich suche am nächsten Ständer und halte nach wenigen Minuten ein Stück Stoff in der Hand, das vielleicht passen könnte.

Herzklopfend schleiche ich mich in eine der Umkleidekabinen, ein wenig aufgeregt, welcher Anblick mich in wenigen Augenblicken erwarten wird. Doch bis es so weit ist, muss ich noch einmal zum Hosenständer zurückgehen, um mir eine andere Größe zu suchen. Meine Wunschgröße passt mir nicht – so ein Mist! In solchen Momenten fühle ich mich zu dick – im Vergleich zu den anderen wie eine fette Tonne.

Endlich stehe ich vor dem Spiegel und begutachte mich misstrauisch. Die Hosen sind nicht schlecht, aber das Oberteil ist so eng, dass es genau die Körperteile betont, die ich lieber verbergen will. Eine lange und weite Weste würde diese vielleicht kaschieren. Bevor ich den Ständer mit Westen suche, ziehe ich mir meinen weiten Pulli über. Im Fall, dass sich ein Mann in diese Abteilung verirrt haben sollte, muss er nicht unbedingt sehen, was ich trage, und erst recht nicht, was sich dahinter verbergen könnte. Als ich wieder in der Umkleidekabine bin und mich noch einmal kritisch von Kopf bis Fuß begutachte, entscheide ich mich, alle drei Teile zu kaufen: Hose, Oberteil und Weste.

Bald stehe ich in meinen altvertrauten weiten Kleidern und mit meinen neusten Errungenschaften vor dem Laden und mache mich auf den Heimweg. Im Zug kommen mir schon die ersten Zweifel, ob ich die Kleider auch wirklich tragen werde und ob sich diese Investition gelohnt hat. Je näher ich meiner gewohnten Umgebung komme, desto unsicherer werde ich, und als ich meine kleine Wohnung betrete, hänge ich die neuen Sachen erst einmal in den Schrank, in dem sich noch ein Dutzend andere neue Oberteile, Blusen, T-Shirts und Hosen befinden, die ich außer in einer Umkleidekabine noch nie getragen habe.

Wieso habe ich solche Angst vor engen Sachen, vor möglichen Blicken, davor aufzufallen – Männern aufzufallen? Für was suche ich immer wieder die Weite, was Kleidergrößen betrifft? Und warum laufe ich selbst im Hochsommer mit langärmligen Oberteilen und langen Hosen herum? Will ich mich schützen, verstecken? Schäme ich mich? Ich glaube, ja. Niemand soll meine Haut und die sich dahinter verbergenden Kilos sehen; niemand soll meinen wahren Körperumfang kennen lernen. Ich fühle mich oft zu dick und versuche ständig abzunehmen – doch ohne Erfolg.

Doch für heute habe ich mich zur Genüge meinen Ängsten ausgesetzt, da muss und will ich nicht noch länger über irgendwelche Hintergründe nachdenken.

Plötzlich überkommt mich eine so starke Müdigkeit, dass ich nur noch ins Bett fallen kann. Diese Müdigkeit ist mir vertraut. Sie kommt, wenn ich mit meinen Tiefen, mit meinen Ängsten und dem Verborgenen in mir auch nur annähernd konfrontiert werde, und sie ist mir oft willkommen, denn dann muss ich nicht nachdenken, die Ängste nicht mehr spüren, meinen Körper nicht mehr spüren. Dann kann ich die Vergangenheit aus meinem Bewusstsein ausblenden und nur noch schlafen. Um nicht von der Dunkelheit und Traurigkeit in mir übermannt zu werden, flüchte ich vor meinen Feinden in den Schlaf. Sie können mich höchstens im Traum einholen – in einem Albtraum.

Nacht

Ich mag nicht mehr aufstehen.
Essen schon gar nicht mehr.
Wo bleibt meine Kraft?
Stunden liege ich wach im Bett.
Ich kann nicht einschlafen.
Ich grüble und drehe mich im Kreis.

Schon seit Jahren leide ich an Depressionen. Offen darüber zu sprechen, ist nicht gerade einfach, denn viele verstehen nicht, worum es geht, oder stempeln mich als »psychisch gestört« ab. Noch schwieriger ist es, die Krankheit überhaupt in den Griff zu bekommen. Sie hat mich eines Tages wie aus heiterem Himmel mit voller Wucht getroffen. Zuerst habe ich gedacht, das sei eine Art Stimmungsschwankung, doch es ist immer schlimmer geworden, bis ich das Gefühl hatte, ganz im Dunkeln zu sitzen. Dann bin ich zum Arzt gegangen und gehe immer noch hin. Die Behandlung ist langwierig und ich brauche viel Geduld mit mir selbst. Für meine Mitmenschen ist es auch nicht gerade einfach, aber ich bin für jeden dankbar, der mir Verständnis entgegenbringt und der mich ernst nimmt. –

Wenn mich die Depression überfällt, dann ändert sich zuerst meine Stimmung. Ich werde immer trauriger und ängstlicher. Ich weine viel. Innerlich bin ich unruhig und kann nicht mehr klar denken. Schließlich dreht sich alles nur noch um das eine: wie schlecht es mir geht. Ich muss zwanghaft die immer gleichen negativen Gedanken denken und grüble vor mich hin. Eine Hilfe ist der Schlaf. Dann kann ich für eine Zeit lang alles um mich vergessen. Doch oft sind meine Zustände auch mit Schlafstörungen verbunden. Das laugt mich aus. Die Depressionen rauben mir meine Kraft, und ich bin in solchen Phasen kaum noch fähig, arbeiten zu gehen. Oft dauert es sogar tagelang, bis ich wieder völlig arbeitsfähig bin. Auch das, was ich sonst sehr gerne mache, erscheint mir in diesen dunklen Phasen als sinnlos. Ich sage meistens alle Termine ab. Es kam schon vor, dass ich sogar auf den Urlaub verzichtet habe.

Meine Depressionen sind manchmal unbegründet. Ich werde von einer Minute auf die andere traurig und fühle mich kraftlos, als wenn mir jemand meine ganze Energie abzapfen würde. Manchmal genügt ein kleines belangloses Wort von jemandem, das mich in den Gefühlsabgrund stürzt. Zum Teil sind auch bestimmte Situationen der Auslöser, dass die dicke schwarze Wolke über mich kommt. Meist habe ich dann keinen Appetit mehr. Ich fühle mich einsam und verliere mich in der unendlichen Traurigkeit.

Wenn es ganz schlimm ist und ich keinen Ausweg mehr sehe, kommen auch Suizidgedanken. Ich möchte nur noch sterben und frage mich, wozu ich überhaupt auf der Welt bin. Wem bedeute ich überhaupt etwas? Ja, Gott wohl schon, aber welchem Menschen? Ich brauche einen Menschen! Ich fühle mich so einsam und unverstanden, sitze alleine in meiner Umnachtung und sehe keinen Ausweg mehr, keine Fluchtmöglichkeit, nur den Tod – oder Schlaf, der nicht aufhört. Gestorben bin ich schon lange.

»Feigling, Feigling« – wieder einmal verspotten sie mich, die anderen Kinder. Auf dem Pausenhof werde ich herumgeschubst und angerempelt, gehänselt und ausgelacht. Im Klassenzimmer flüstern und kichern sie hinter meinem Rücken oder lassen Zettel von einem Tisch zum nächsten kreisen. Ich fühle mich klein und hilflos, möchte mich am liebsten in einem Mauseloch verkriechen, doch es gibt keine Fluchtmöglichkeit.

Mit rasendem Herzklopfen erwache ich und weiß im ersten Moment nicht, ob ich mich tatsächlich im Schulzimmer befinde oder ob das Ganze nur ein altbekannter Traum ist.

Es ist ein Traum. Ein Traum, der immer wiederkommt. Ein wahrer Traum. Eine Realität aus meiner Vergangenheit. Erlebnisse, die mich stückweise getötet haben.

Ich schaue auf die Uhr. Es ist erst halb eins. Ich kann nicht mehr schlafen. Der Traum hat mich aufgewühlt und lässt mich weiter grübeln. Ich sehe mich als kleine Karin, die am Abend wach im Bett liegt und vor dem nächsten Morgen Angst hat.

Am liebsten möchte ich nie mehr in die Schule gehen. Lieber dumm bleiben als täglich gequält werden. Doch mir bleibt keine Wahl. Ich muss gehen und die Situation ertragen.

Mühsam schleppe ich mich am Morgen aus dem Bett und nähere mich mit Bleiklumpen in den Beinen dem mir so verhassten Ort. Ich versuche, erst mit dem letzten Ton der Schulglocke ins Klassenzimmer zu huschen, damit ich nicht zu lange mit meinen Mitschülern alleine bin. Was habe ich getan, dass sie mich so behandeln? Ich fühle mich schuldig, schäme mich und weiß nicht, für was. Sie schauen mich komisch an, als wenn mit mir etwas nicht stimmen würde. Sie nehmen jede Kleinigkeit zum Anlass, um mich bloßzustellen. Einen Spitznamen haben sie auch für mich – keinen Kosenamen, auch nicht meinen eigenen, nein, ei-

nen hässlichen, der mich noch tiefer verletzt als all ihr Gekicher und Geflüster. Egal, was ich trage, sie lachen über meine Kleidung, über meine Frisur, über meine Schuhe, über meine Schritte, über meine Worte. Ich melde mich nicht mehr, um sie nicht zu provozieren. Die Lehrerin hat mich schon oft angesprochen, was mit mir los sei, aber ich getraue mich nicht mehr, etwas zu sagen. Als ich einmal Andeutungen gemacht habe, hat sie die anderen zur Rede gestellt. Nach der Schule haben sie mich dann verprügelt. Seitdem lüge ich die Lehrerin an oder schweige. Meine Leistungen werden immer schlechter. Wenn ich wählen könnte, würde ich noch heute aus der Schule austreten, aber ich habe keine Wahl. Andere wählen und entscheiden für mich. Andere machen Sachen mit mir, die ich nicht möchte. Andere bestimmen mich. Andere quälen mich.

Ich habe nur noch Angst: Angst vor der Schule, Angst vor den Mitschülern, Angst vor gleichaltrigen oder älteren Kindern. Ich habe keine Freundin. Niemand will mit mir spielen. Wenn ich draußen bin und Klassenkameraden oder anderen Jugendlichen begegne, dann mache ich einen großen Bogen und tue so, als würde ich sie nicht bemerken. Ich werde immer stiller, ziehe mich in mich selbst zurück und baue eine unsichtbare Mauer um mich herum, um nicht noch mehr verletzt zu werden. Doch diese »Festung« schützt mich nicht.

In meiner Freizeit gehe ich zu den Nachbarn, die kleine Kinder haben. Ich spiele sehr gerne mit ihnen, am liebsten mit ganz kleinen hilflosen Babys. Sie können mir nichts tun. Sie quälen mich nicht. Sie können nichts Böses über mich sagen und ich habe die Möglichkeit, mit ihnen zusammen zu sein.

Als Kind sieht mein Alltag so aus: Aufstehen, in die Schule gehen, versuchen die Schule zu überstehen, nach Hause rennen und kontrollieren, ob alles in Ordnung ist, essen, Aufgaben machen, zu den Nachbarn verschwinden, Abendessen, ins Bett gehen und mich in den Schlaf grübeln oder warten, bis Papa nach Hause kommt.

Das Zusammensein mit den Kleinen macht mir zwar sehr viel Freude, aber innerlich vereinsame und verarme ich immer mehr, denn sie sind kein richtiges Gegenüber für mich. Ich kann zwar mit ihnen reden, doch außer einem »Gebrabbel« oder Lächeln kommt nichts zurück. Ich sehne mich nach einer Freundin, nach Menschen, bei denen ich mich angenommen fühle – so, wie ich bin.

Wieder falle ich in einen unruhigen Schlaf.

Wir sitzen als Familie um den Fernseher versammelt. Meine Eltern wollen in Ruhe einen Film anschauen. Meine Geschwister schauen mit. Sie nutzen jede Möglichkeit, das Schlafengehen hinauszuzögern. Ich sitze mit dabei, um nicht alleine zu sein. Ich hasse Fernsehen und möchte lieber reden, doch die anderen wollen schauen. Ich kann nicht stillsitzen und plappere immer wieder etwas dazwischen. Meine Eltern ermahnen mich immer wieder. Schließlich platzt meinem Vater der Kragen. Er packt mich und steckt mich in mein Zimmer. Die Tür schnappt hinter mir ins Schloss. Ich fühle mich alleine.

Der Wecker erinnert mich an meine Pflicht, und so stehe ich auf, gehe zur Arbeit, funktioniere, komme nach Hause, esse alleine – und grüble mich schließlich in den Schlaf …

Hinunterschlucken und Erbrechen

Ich sitze am Küchentisch, trinke eine Tasse Kaffee und starre vor mich hin. Ich fühle mich leer. Mir ist schlecht. Mein Magen schmerzt. Vieles bedrückt mich und drückt in meinem Bauch.

Ich habe Bauchweh, kann nicht schlafen, halte es fast nicht mehr aus. Meine Mutter bringt mir eine heiße Bettflasche, kocht mir Tee. Es wird nicht besser.
Mama geht oft mit mir zum Arzt, lässt alles abklären. Sie finden nichts. Die Bauchschmerzen bleiben. »Das ist alles psychisch«, sagt meine Mutter jedes Mal auf dem Heimweg. »Was ist psychisch?«, frage ich mich. Ich merke, dass sie mich nicht versteht und nicht verstehen will. Ich verstehe sie auch nicht.
Meistens kommen die Bauchschmerzen, sobald ich von der Schule nach Hause komme. Voller Angst mache ich mich nach dem Klingeln auf den Heimweg. Je näher ich komme, desto mehr verkrampft sich mein Magen. Alles zieht sich zusammen. Wenn ich dann vor der Tür stehe, sitzt mir die Angst im Nacken. Was wird mich heute erwarten? Wie wird die Wohnung aussehen? Ist Papa zu Hause, schläft er, ist er weg? Wie wird Mama aussehen? Worüber wird sie heute klagen?

Im Radio läuft gerade der Song »Life is beautiful«. Ich stelle den Apparat ab.

Das Leben ist beschissen, denke ich. Was soll schön daran sein? Mir ist eher danach zumute, alles »rauszukotzen«, was ich schon erlebt habe – das ganze Leben. Die Übelkeit und der Magendruck nehmen zu. Dann muss ich rennen. Die Toilette wird zum Abnehmer für meinen Mageninhalt. Einmal, zweimal, dreimal. Mein Magen ist noch leerer. Die innere Leere wird unerträglich.

Ich fühle mich schrecklich. Mein Magen tut weh. Der Hals

auch. Ich bin erschöpft und müde, schlüpfe mit einer Bettflasche unter die Decke und suche eine Lage, in der ich die Schmerzen nicht so stark spüre. Die Sinnfrage verfolgt mich, und ich nehme die Sinnlosigkeit noch intensiver wahr als sonst.

Als ich diesen Zustand nicht mehr aushalte, greife ich nach der Schublade meines Nachtschränkchens und öffne sie. Sie ist voll mit Packungen – Tabletten. Ich suche die starken Schlaftabletten. Da ist die Schachtel. Sie ist fast leer. Nur noch zwei sind drin, aber das muss reichen. Ich gehe ins Bad und spüle beide auf einmal mit Wasser hinunter. Dann lege ich mich wieder zurück ins Bett und versuche erneut zu schlafen. Es dauert lange, bis mich der Schlaf übermannt – übermannt! Langsam verliere ich die Kontrolle über meinen Körper, über meine Situation, über alles. Es ist schrecklich, loslassen zu müssen, sich der Wirkung der Tabletten zu überlassen und sich nicht mehr wehren oder ablenken zu können. Aber ich will es so. Lieber so, als die ganze Nacht lang zu grübeln. Sich nicht mehr wehren, keine Kontrolle mehr haben, übermannt werden …

Der Schlüssel dreht sich im Schloss. Die Tür geht auf, und er ist da. Meine Glieder werden steif. Jede Sehne, jeder Muskel in mir spannt sich an. Ich warte, wage kaum zu atmen. Er kommt mit schweren Schritten die Treppe hinauf und geht in die Küche. Ich höre, wie er den Kühlschrank durchsucht, dann in einer Kiste wühlt. Wahrscheinlich sucht er Tabletten. Jetzt verschwindet er im Bad und erbricht. Es ist Ekel erregend. Ich versuche, mir die Ohren zuzuhalten, muss aber doch immer wieder lauschen, ob er schon fertig ist oder ob es noch weitergeht. Mir wird auch leicht übel. Endlich ist er fertig und wankt ins Schlafzimmer, in dem Mama liegt. Vielleicht geht es diesmal glimpflich ab, denke ich, doch schon brüllt er sie an, macht ihr Vorwürfe, wirft ihr Schimpfwörter an den Kopf. Mama schreit zurück. Ich verkramp-

fe mich noch mehr und lausche in die Dunkelheit. Irgendwann wird es still, und ich schleiche mich aus meinem Zimmer ins Bad. Alles ist vollgekotzt: das WC, der Boden, die Wände. Papa hat wieder über den Durst getrunken.
Ich mache mich an die Arbeit, suche Eimer und Lumpen und versuche, die Schweinerei, so gut es geht, wegzuputzen. Mir wird übel dabei und ich muss mich fast selbst übergeben. Ich bemühe mich, möglichst leise zu sein, damit Mama nichts hört. Ich möchte nicht, dass sie sieht, was da passiert ist. Endlich bin ich fertig und verteile noch ein Duftspray im Bad. Erschöpft und ausgelaugt gehe ich zurück ins Bett. Ich bin nicht mehr so angespannt, aber ich kann nicht schlafen. Jedes Mal nach einem solchen Vorfall bin ich so aufgewühlt, dass nicht mehr ans Schlafen zu denken ist.

Ich liege wieder wach. Die Schlaftabletten nützen nichts mehr. Ich weiß nicht, wo ich bin. Die große Karin in ihrer eigenen Wohnung oder die kleine Karin bei ihren Eltern. Die Realität ist verschwommen. Ich fühle mich wie die kleine Karin, die die Kontrolle behalten muss.

Papa trank immer wieder über seinen Durst, und zwar so viel, dass er davon eine halbe Alkoholvergiftung bekam. Dann musste er erbrechen und ging am nächsten Tag nicht zur Arbeit. Seine schlechte Laune verbreitete er in der ganzen Wohnung und suchte einen Sündenbock, an dem er seinen Frust mit Worten auslassen konnte. Das kam etwa einmal im Monat vor. Mama und ich hatten Angst vor ihm. Geschlagen hat er uns zum Glück nicht, doch wusste ich nie, wozu er in seinem Rausch fähig war.

Mein Magen schmerzt noch immer. Es ist zwei Uhr in der Nacht. Eigentlich müsste ich aufstehen.

Unruhig wälze ich mich im Bett hin und her. Ich werde heute nicht zur Arbeit gehen, nehme ich mir vor. Irgendwann schlafe ich wieder ein.

Eines Nachts, als Papa von seiner Sauftour nach Hause kommt, geht er sofort ins Bad und übergibt sich, immer wieder. Er kommt nicht mehr aus dem Bad heraus. Ich höre, wie Mama aufsteht und nachschauen geht. Sie ruft mich und klingt aufgeregt. Papa liegt auf dem Boden und ist halb am Ersticken. Das Erbrochene läuft ihm in die Luftröhre. Schaum kommt aus seinem Mund. Mama ruft sofort den Krankenwagen. Papa wehrt sich mit Händen und Füßen und weint wie ein kleines Kind. Er tut mir Leid, aber ich weiß nicht, was ich tun oder sagen soll. Wie angewurzelt stehe ich daneben und schaue zu, wie sie ihn mitnehmen. Papa wird mit Blaulicht ins Spital gefahren. Er hat eine Alkoholvergiftung.

Geschriebene Erinnerungen

So kann es nicht weitergehen«, rede ich laut vor mich hin, während ich in der Wohnung auf und ab tigere. Ich brauche jemanden, mit dem ich reden kann. Ich halte dieses Leben, wie es ist, nicht mehr aus. Was nützt es, wenn mir der Psychiater Medikamente verschreibt, meine Stimmungstiefs und die schrecklichen Erinnerungen aber trotzdem wie aus heiterem Himmel über mich kommen. Meine Probleme sind damit nicht gelöst. Ich schlucke Tabletten. Ich schlucke meine Probleme. Ich schlucke, wie mich andere behandeln. Ich schlucke, ohne mich zu wehren, um irgendwann alles wieder zu erbrechen. Andererseits habe ich schon etliche Versuche gestartet, die anscheinend alle gescheitert sind. Immer wieder habe ich allen Mut zusammengenommen und verschiedene Personen um Gespräche oder Therapie angefragt. Ich war schon bei verschiedenen Psychiatern, Ärzten, Seelsorgern, habe mit Freunden geredet, aber irgendwann kam immer der Punkt, an dem ich merkte, dass es das doch nicht ist. Ich fühlte mich dann nicht mehr verstanden, nicht mehr ernst genommen oder verletzt.

Mit einem Therapeuten habe ich meine ganze Kindheit aufgearbeitet. Wir sprachen über die Erziehung, die ich bekommen habe, und welche Auswirkungen sie auf mich und mein Leben hatte. Eine Hilfe war, über der ganzen Vergangenheit zu beten und sie an Gott abzugeben. Aber mir scheint es, als seien die Verletzungen und Auswirkungen noch immer in meinem Lebensrucksack, den ich mit mir herumschleppe und der mich nach unten zieht.

Eine christliche Therapeutin und Ärztin enttäuschte mich dadurch sehr, dass sie mich nicht ernst nahm und meine Probleme ignorierte, vor allem als ich ihr intime Dinge erzählte. Sie wechselte ständig meine Tabletten und probierte Neues aus, weil es mir so schlecht ging. Von dem ständigen Wechsel ging es mir noch schlechter.

Dann hatte ich noch Gespräche bei einem Pfarrer, die mir noch weniger halfen. Am Anfang fühlte ich mich verstanden, doch mit der Zeit immer weniger. Gegen Ende vergaß er sogar die Gesprächstermine und war nicht da, wenn ich kam. Da kam ich mir völlig daneben und unwichtig vor.

Und nun schon wieder einen Anlauf nehmen? Aber ich weiß, dass es nicht so weitergehen kann. Mein Lebensmut geht mir immer mehr verloren und das Leben kommt mir zunehmend sinnlos vor.

Ich gehe zu meinem Schreibtisch und suche nach einem Zettel. Vor einiger Zeit hat mir eine Bekannte einen Namen mit Telefonnummer gegeben. Die Frau sei Seelsorgerin, und ich solle mich doch einmal bei ihr melden, wenn ich mit jemandem sprechen wolle. Endlich halte ich die Telefonnummer in der Hand. Ich laufe noch eine Weile mit dem Zettel in der Hand hin und her, dann gehe ich zum Telefon. Ich hebe den Hörer ab, wähle mit zitternden Fingern die Nummer, doch kaum höre ich den ersten Piepton, lege ich den Hörer schnell wieder auf. Zweiter Versuch, dritter Versuch. Ich schaffe es nicht. Weitere zehn Minuten laufe ich unruhig im Flur herum, bis ich es noch einmal versuche. Diesmal lasse ich es dreimal klingeln, bevor ich wieder auflege.

»Immerhin habe ich es diesmal geschafft, länger zu warten«, versuche ich mich zu beruhigen.

Es vergeht noch eine halbe Stunde, bis ich es ein letztes Mal wage, die Nummer zu wählen und am Telefon zu warten, bis jemand abnimmt.

»Hier Seifert, christliche Beratung, guten Tag«, meldet sich eine angenehme Stimme am anderen Ende der Leitung.

»Ehm, guten Tag, hier ist Huber, Karin Huber. Ich habe von einer Bekannten Ihre Nummer erhalten. Ich wollte Sie fragen, ob Sie noch Zeit für Gespräche haben.« Ich halte mich am Telefonkabel fest, das ich während meiner Worte um meine rechte Hand gewickelt habe, und warte gespannt, was die Frau sagen wird.

»Worum geht es denn genau?«, fragt sie zurück.

»Ich bin bei einem Psychiater wegen Depressionen in Behandlung, und dann kommen noch andere Probleme dazu. Ich habe Mühe, mit ihm zu sprechen. Ich möchte gerne noch zusätzlich Gespräche – vor allem bei einer Frau, denn die Tabletten alleine helfen mir nicht. Sie dämpfen alles ein wenig, aber das genügt mir nicht«, versuche ich zu erklären.

»Ja, das kann ich verstehen. Ich habe allerdings nur noch wenige Kapazitäten für weitere Gespräche, aber kommen Sie doch nächste Woche einmal vorbei, damit wir uns kennen lernen. Dann kann sich jede von uns überlegen, ob wir es überhaupt sehen, uns auf einen gemeinsamen Prozess einzulassen. Am besten schreiben Sie schon ein wenig auf, was Sie beschäftigt.«

Ich stimme zu. Dann blättere ich in meiner Agenda, und wir machen für Mittwochnachmittag ein Vorgespräch ab. Immer noch zitternd lege ich den Hörer wieder auf. Ob das richtig ist? Soll ich mich tatsächlich öffnen? Zumindest würde das erste Treffen nur ein Vorgespräch sein. Und was, wenn sie dann Nein sagt, nachdem ich ihr meine Themen offenbart habe?

Ich koche mir einen Kaffee, setze mich an meinen Schreibtisch, nehme mein Tagebuch hervor, das ich schon monatelang nicht mehr beschrieben habe, und lasse meine Gedanken zurückwandern. Es fällt mir schwer, mich zu konzentrieren, aber ich zwinge mich, bei der Sache zu bleiben.

Dann beginne ich, alles aufzuschreiben, was mir in den Sinn kommt: Erinnerungen, Erlebnisse, Gefühle, Verletzungen, Wünsche. Ich schreibe meine Vergangenheit heraus, schwarz auf weiß, in der Hoffnung, zuerst selbst Klarheit über das zu bekommen, was war und was ist ...

Ich denke an meine Kindheit zurück. An mein Schattendasein. Ich habe mich immer überflüssig, schlecht und verachtet gefühlt, ohne den wahren Grund dafür zu wissen. Zu Hause habe ich mich selbst zum Schatten gemacht, um Vater nicht aufzufallen, um möglichst unscheinbar zu bleiben. Ich habe mich sogar bemüht, auf Zehenspitzen zu laufen bzw. nur zu flüstern, wenn ich etwas sagen wollte – die graue Maus, die ab und zu aus ihrem Mauseloch hervorspickt. Oft habe ich mich zu den Nachbarn geschlichen, um der Familienatmosphäre daheim zu entkommen. Doch auch dort bin ich immer bemüht gewesen, nicht zu sehr aufzufallen.

Ich setze den Füllhalter aufs Papier und schreibe drauflos:

»Ich kam als ältestes von drei Kindern in einem kleinen Bauerndorf zur Welt. Rundherum gab es viele Tiere. Überall konnte man das Gebimmel der Kuhglocken und das Blöken der Schafe hören. Mitten im Dorf führten meine Eltern eine Bäckerei. Süßes liebte ich über alles, und so holte ich mir ab und zu ein süßes Stückchen zum Naschen. Mein Vater belieferte viele Privatpersonen mit frischen Backwaren. Bei diesen Touren durfte ich oft dabei sein. Als mein Bruder auf die Welt kam, freute ich mich sehr, dass ich jemanden zum Spielen bekommen würde. Kurz nach der Geburt lösten meine Eltern die Bäckerei auf, da die Backstubeneinrichtung überalterte und vor allem weil die Einnahmen zu knapp waren, um eine ganze Familie zu ernähren. Außerdem wurde meiner Mutter die Arbeit im Haushalt, als Mutter und im Laden zu viel. So bauten meine Eltern die Backstube in eine Wohnung um, die wir an ein älteres Ehepaar vermieteten.

Mein Vater fand eine Anstellung in einer Großbäckerei, bei der er in Schichten arbeitete. Er lernte auch neue Kollegen kennen und traf sich oft mit ihnen. Von da an war er an den Abenden immer öfter weg, wenn er nicht arbeitete, und kam häufig betrunken nach Hause.

Bald kam meine jüngste Schwester auf die Welt. Mein Bruder und ich freuten uns riesig, dass wir noch eine Spielkameradin bekamen, und verbrachten viel Zeit mit unserer Schwester. Papa sahen wir immer seltener. Er arbeitete häufig in der Nacht und schlief am Tag. Wir mussten flüstern und uns mucksmäuschenstill verhalten. Wenn wir zu laut wurden, konnte unser Vater sehr böse werden. Den Rest des Tages war er dann meistens gereizt und wir gingen ihm lieber aus dem Weg. Die ungünstige Arbeitssituation und die zunehmende Trinkerei meines Vaters führten in unserer Familie oft zu Spannungen und Konflikten. Vor allem sein Alkoholkonsum belastete die Familie stark.

Meine Mutter hatte zu wenig Durchhaltevermögen, zu

wenig Nerven und Kraft, um sich durchzusetzen. Ich versuchte, sie zu entlasten, wo es nur ging, und übernahm, noch bevor ich eingeschult war, die Rolle meiner Mutter, was die Verantwortung für meine Geschwister betraf. Ich sorgte für Ruhe und Ordnung im Haus, damit Papa besser schlafen konnte. Ich versuchte, die beiden Kleineren abzulenken und sie vor meinen Eltern zu verteidigen. Ich war ständig auf der Hut, ständig angespannt und am Kontrollieren, ob alles so war, wie es sein sollte. Meine Mutter tat mir Leid. Vor meinem Vater hatte ich Angst. Oft war ich bei Nachbarn, um der Situation zu Hause wenigstens phasenweise zu entkommen.«

Meine Gedanken verweilen in der Vergangenheit. Ich spüre Traurigkeit und frage mich in diesem Moment, ob ich jemals richtig Kind sein durfte. Wenn ich zu Nachbarn ging, arbeitete ich dort auch. Entweder ich hütete die kleineren Kinder oder half im Stall mit. Wenigstens dort wurde ich ab und zu gelobt und fühlte mich wichtig. Meine Mutter sagte mir nie, dass sie froh über mich war. Sie bedankte sich auch nicht fürs Helfen. Alles war selbstverständlich, was ich daheim tat. Ich habe mir manchmal vorgestellt, wie wohl andere Mütter zu ihren Kindern sind. Wenn eine Mutter ihr Kind umarmte, hätte ich einfach losweinen können, weil meine Mutter mich kaum berührt hat. Ich kannte keine Zärtlichkeit, dabei wünschte ich mir nichts mehr als Geborgenheit zu erleben. Wenn ich eine intakte Familie kennen lernte, wurde ich eifersüchtig.

Ich denke noch immer nach. Eine traurige Kindheit. Ein viel versprechender Anfang und ein immer schlimmer werdender Verlauf. Ich denke an meinen Vater, der immer noch die Bierflasche braucht, an meine Mutter, die alles versucht, um die Fassade nach außen zu wahren und Vater die Probleme aus dem Weg zu schaufeln und ihm keinen Anlass zum Ärger zu geben. –

Gab es eigentlich auch positive Erinnerungen in meiner Kindheit? Ja, unser Hund und unsere Mieterin. Mit unserem Hund spielten mein Bruder und ich oft und gerne. Da unsere Mieterin ebenfalls einen Hund hatte, ging ich mit ihr regelmäßig spazieren. Die Frau wurde für mich zu einer Art Oma, mit der ich über vieles reden konnte – Oma Hanni nannte ich sie. Ich schreibe weiter:

»Oma Hanni war für mich eine ganz besondere Frau. Ich besuchte sie oft. Mama ging oft zu ihr und schüttete ihr Herz aus. Wenn ich mit meinen Geschwistern zu ihr ging, dann setzten wir uns um sie herum, und sie erzählte uns Geschichten. Es waren entweder eigene Erlebnisse von früher oder Geschichten aus der Bibel. Die Frau war recht fromm und ging jeden Sonntag zur Kirche. Bei ihr lernte ich den christlichen Glauben überhaupt kennen. Unsere Eltern hatten uns nur wenig davon erzählt. Nicht einmal die Bedeutung von Weihnachten kannte ich richtig ...« Meine Gedanken wandern zurück zu Weihnachten – kein schönes, harmonisches, friedliches Fest für uns als Familie.

Ich sitze vor dem leuchtenden Weihnachtsbaum und starre auf die Lichterkerzen. Der Tisch ist festlich gedeckt. Mama hat sich viel Mühe gegeben. Mein Bruder, meine Schwester und ich warten, dass meine Eltern kommen. Sie haben sich im Schlafzimmer eingeschlossen und streiten wie fast jeden Abend. Ich habe mir sehnlichst ein friedliches Weihnachtsfest gewünscht, doch der Wunsch ist wie eine Seifenblase zerplatzt. Das Streiten wird leiser. Ein Stuhl wird umgeworfen, dann höre ich Papa rufen: »Feiert doch alleine!« Er reißt die Tür auf und stürmt an uns vorbei. Sein Kopf ist rot vor Zorn. Er würdigt uns keines Blickes, zieht seine Jacke an, nimmt sich Geld und legt die Hand auf die Türklinke. »Papa, bleib doch!«, versuche ich ihn zu bitten. Doch er hat meine leisen Worte entweder nicht gehört oder ignoriert sie. Die Tür knallt ins Schloss. Er ist weg. Wir wissen, wohin er jetzt geht, aber keiner von uns sagt ein Wort. Mama hat Tränen in den Augen und kämpft dagegen, nicht laut loszuweinen. Mein Bruder murrt etwas von »endlich anfangen«. »Also, dann feiern wir eben alleine«, sagt meine Mutter, geht in die Küche und bringt das Abendessen ins Esszimmer. Wir sitzen am festlich gedeckten Tisch. Ich kann nicht viel essen, sondern starre in die Kerzen und grüble. Wo ist das Familienleben von damals geblieben …?

Meine Gedanken wandern zurück ins Hier und Jetzt. Weihnachten, welch frommes Fest! Mit Gott hatte das bei uns wenig zu tun. Und doch gab es Zeiten, in denen sich Mama sehr für Gott interessierte und häufig mit Oma Hanni in die Kirche ging. Der Glaube gab ihr neue Kraft, Mut und Hoffnung für ihren Alltag und für die ungewisse Zukunft. Sie knüpfte auch Kontakt zu Leuten aus der Kirchengemeinde und wir besuchten ab und zu andere Familien mit Kindern. Das war für mich eine schöne Zeit. Mama veränderte sich irgendwie positiv.

Ich unterbreche die Schreiberei für einen kurzen Moment. Am liebsten würde ich jetzt mit Alex spazieren gehen. Alex ist der Hund einer Bekannten, den ich von Zeit zu Zeit ausführe. Ich selbst darf in meiner Mietwohnung leider keine Tiere halten. Ich werde später bei Claudia, der Besitzerin von Alex, anrufen, nehme ich mir vor.

Dann schreibe ich weiter:

»Mein Vater hatte irgendwann das Gefühl, er würde zu wenig verdienen, und so suchte er sich noch einen Nebenjob. Schon nach kurzer Zeit erhielt er ein Angebot von einem Kollegen. Papa half diesem mehrmals in der Woche in dessen Umzugsunternehmen. Häufig nahm Vater meinen Bruder zu diesen Aktionen mit. Das machte mich eifersüchtig, denn es erinnerte mich daran, dass Vater mich früher auf seine Fahrten mitgenommen hatte, wenn er Backwaren austeilte. Nun war mein Bruder an der Reihe. Es schmerzte mich auch zu beobachten, dass die Beziehung zwischen meinem Vater und meinem Bruder enger wurde und recht gut war, wohingegen unsere Beziehung oft gespannt war und mein Bruder sich mit der Zeit von mir distanzierte. So hielt ich noch mehr zu meiner Mutter und zu meiner jüngeren Schwester und klammerte mich an das Gefühl, gebraucht zu werden.

Was andere Kinder betraf, so hatte ich eigentlich keine Freundinnen. Schon im Kindergarten fand ich keinen Anschluss an Gleichaltrige. Wir waren zu dritt aus dem Dorf, die zusammen in den Kindergarten gingen. Da der Weg zu weit und zu gefährlich war, wechselten sich die Eltern mit dem Fahrdienst ab. Doch außer im Auto hatte ich zu den anderen Kindern keinen Kontakt. Auch in der Gruppe war ich alleine. Zuerst hatte ich mich wahnsinnig auf den Kindergarten gefreut, doch schon bald kam ich mir einsam und verlassen vor. Nur selten spielte ich mit einem anderen Kind. Die anderen fanden sich schnell und wollten niemanden mehr in ihrem trauten Grüppchen dabeihaben. Ich stand abseits. Nach ein paar Monaten hatte ich noch immer keinen Spielkameraden gefunden.«

Ich sitze alleine am Tisch und schneide mit der Schere eine Schnecke aus. Ich schneide gerne. Gerade habe ich die Schnecke bunt angemalt. Die anderen Kinder spielen. Zwei beschäftigen sich in der Puppenecke und sind hingebungsvolle Mamis. Vier Buben bauen mit Holzklötzen einen hohen Turm. Zwei andere sitzen im Leseeck und schauen ein Bilderbuch an. Niemand ist alleine – außer mir. Ich sitze alleine am Tisch und klebe die Schnecke auf einen Karton. Die Schnecke ist alleine auf meinem Bild. Auch ich bin alleine. Die Schnecke kann sich ins Haus verkriechen, aber dann ist sie noch einsamer. Dann sieht sie nicht

einmal mehr die anderen. Ich sehe die anderen noch. Aber sie sehen mich nicht. Das tut weh. Keiner fragt mich, ob ich mitspielen möchte. Und ich habe keinen Mut mehr zu fragen, denn schon oft haben sie Nein gesagt. Das hat wehgetan.
Die Kindergärtnerin kommt und schaut von hinten auf mein Bild. Sie sagt jedoch kein Wort. Kein Lob kommt über ihre Lippen. Ich schaue stumm auf meine Schnecke. Als sie sich wieder den anderen Kindern widmet, schleiche ich mich zu den Fächern, in denen wir unsere gebastelten und gezeichneten Sachen aufbewahren. Lisa kann sehr schön malen. Ich beneide sie. Vorsichtig schaue ich mich nach allen Seiten um. Dann nehme ich blitzschnell ein Bild aus ihrem Fach und lege es in meines. Ich hoffe, dass meine Gruppenleiterin das Bild sieht und merkt, dass ich auch gut malen kann. Ich wünsche mir, dass sie mich wenigstens einmal lobt, dass sie mir auch mal etwas Liebes sagt.
Sie sieht das Bild, aber sie merkt, dass es nicht meines ist. Ich werde zurechtgewiesen, reagiere trotzig, streite ab, dass ich das Bild von Lisa genommen habe. Von da an ignoriert sie mich und das, was ich mache, erst recht. Ich möchte nicht mehr in den Kindergarten gehen. Ich will in die Schule! Vielleicht wird es dort besser.

Ich starre auf die beschriebenen Seiten vor mir und spüre den Schmerz in mir, die Demütigung, das Übersehenwerden. Leider erfüllten sich meine Hoffnungen nicht. In der Schule wurde es auch nicht besser. Mein Stift gleitet wieder über die weißen Seiten und hinterlässt seine schwarzen Spuren:

»Ich konnte es kaum abwarten, bis der Sommer vorbei war und die Schule begann. Das war eine neue Chance für mich. Ich fasste neue Hoffnung, vielleicht dort eine feste Freundin zu finden. Die Schule gefiel mir sehr, obwohl ich manchmal Mühe hatte, den Schulstoff zu verstehen und im Tempo der Lehrerin mitzukommen. Doch Anschluss fand ich keinen, auch keine richtige Freundin. Ich fragte ab und zu eine Klassenkameradin, ob wir uns am Nachmittag treffen könnten, doch entweder sagten sie gleich Nein, oder sie wollten nach dem ersten Treffen nicht mehr mit mir spielen, gaben vor, plötzlich keine Zeit mehr zu haben. Meine Eltern sahen es nicht so gerne, wenn ich Besuch mit nach Hause nahm. Also musste ich immer zu den anderen gehen. Ich lud kein Kind zu mir ein. Ich schämte mich auch und befürchtete, dass jemand meinen Vater in betrunkenem oder angetrunkenem Zustand sehen könnte.

Außerdem war es für mich schwierig, außerhalb der Schulzeiten ins Nachbardorf zu kommen, da meine Mutter nicht noch mehr Fahrerei wollte. Sie fuhr mich schon in die Schule und meinen Bruder in den Kindergarten. Sie hatte sich sogar offiziell für den Fahrdienst gemeldet. Jeder weitere Weg war ihr dann zu viel.

Wir hatten zu Hause viel Land, auf dem wir Ziegen, Gänse und einen Esel hielten. Ich liebte und liebe Tiere, und so war ich oft dort. Wenn es zu viele Junge gab oder eines von seiner Mutter nicht angenommen wurde, so durften wir Kinder das Kleine mit nach Hause nehmen und mit der Milchflasche füttern, bis es sich selbstständig ernähren konnte. Manchmal gab es einen Kampf, wer von uns drei Geschwistern nun das kleine Zicklein füttern durfte. Dann machten wir einen Plan und wechselten uns ab. Es kam auch vor, dass zwei oder drei Zicklein separat gefüttert werden mussten, wenn die Mutterziege zu viele Junge hatte und ihre Milch nicht reichte. So hatte jedes sein eigenes Tier. Unseren Hund versorgte ich wie ein kleines Baby. Er schlief sogar in meinem Bett. In meinem Zimmer hielt ich noch Meerschweinchen. Immer wenn ich nach der Schule in mein Zimmer kam, begrüßten sie mich pfeifend. Der Hund bellte freudig und wedelte mit dem Schwanz. Tiere waren meine engsten Freunde, meine ›Bezugspersonen‹. Vor ihnen brauchte ich keine Angst zu haben. Sie schienen mich zu verstehen. Sie widersprachen mir nicht. Sie waren einfach da, treu, erwarteten mich und begrüßten mich. Das tat mir gut!«

Ich renne über eine große Blumenwiese. Rechts und links von mir grasen Ziegen. Ich springe auf ein kleines Zicklein zu. Es ist »mein« Zicklein. Ich habe es mit der Flasche großgezogen. Jetzt folgt es mir aufs Wort, springt mir entgegen, lässt sich streicheln, leckt meine Hand. Ich bin gerne mit Mila zusammen – so habe ich das Kleine genannt – und schmuse mit ihm, setze mich zu ihm, kraule seinen Hals und erzähle von mir. Es hört mir zu, meckert zwischendurch leise, aber zustimmend, legt seinen Kopf in meinen Schoß oder stupst mich sanft am Arm. Das ist ein Trost. Ich besuche die Ziegen fast jeden Tag.

Ich beende das erste Kapitel meiner Vergangenheit und schließe mein Tagebuch.

Dann gehe ich zum Telefon und wähle die Nummer von Claudia. Keiner nimmt ab. Enttäuscht lege ich nach dem zehnten Klingeln den Hörer wieder auf. Ein Stich geht durch mein Inneres. Während mein Verstand weiß, dass Claudia nicht immer da sein kann, fühlt sich mein Herz zurückgewiesen, abgelehnt.

Reden

Es fällt mir äußerst schwer, tagelang auf den ersten Termin bei Frau Seifert zu warten, und ich bin ein paar Mal nah dran, alles wieder abzusagen und mich zurückzuziehen. Je näher der Tag kommt, umso größer wird meine Angst und desto schlechter kann ich schlafen. Ich träume viel von dieser Frau, von unserem ersten Gespräch und davon, dass sie meine Probleme lächerlich findet und mich wieder nach Hause schickt. In einem anderen Traum sitze ich stundenlang in ihrem Zimmer, aber sie kommt nicht. Schließlich gehe ich wieder – mit dem Gefühl, unwichtig und überflüssig zu sein.

In der Nacht von Dienstag auf Mittwoch schlafe ich so gut wie gar nicht. Unruhig wälze ich mich von einer Seite auf die andere. Schlaftabletten habe ich nicht mehr. Nur Baldriantabletten, von denen ich schon ein halbes Dutzend geschluckt habe. Ich liege wach, starre Richtung Fenster und beobachte die Schattenspiele, die die Lichter der vorbeifahrenden Autos an meine Zimmerwand und -decke projizieren.

»Das Leben ist doch auch so ein Schattenspiel«, geht es mir durch den Kopf. »Wir sehen nur das, was projiziert wird, das Äußere, aber es ist eben nur ein Schatten. Wer schaut schon auf die Lichtquelle bzw. auf das, was hinter dem Schatten steckt?«

Die Schatten malen noch immer ihre Muster an meine Zimmerdecke, ohne Plan, zufällig, bis sie wieder verschwinden und neuen Schatten Platz machen.

»Ich will, dass mein Schattendasein aufhört! Ich will, dass ich sein kann, wie ich wirklich bin, ohne immer wieder von Ängsten, Zweifeln, Traurigkeit, Dämmerung, Selbstmordgedanken überrollt zu werden und ihnen ausgeliefert zu sein. Ich will leben! Aber wie geht das?«

Manchmal komme ich mir vor wie jemand, der nicht leben, aber auch nicht sterben kann. Ich bin hin und her gerissen zwischen Hoffnung und Resignation, zwischen dem Wunsch nach Sein und dem Wahrnehmen der Sinnlosigkeit in mir.

Langsam dämmert der Morgen. Die Sonne kommt hinter den Häusern hervor und hüllt mein Zimmer zuerst in ein zartes rötliches Licht, um auf einmal mit ihrer ganzen Leuchtkraft hineinzuscheinen. Ich bin geblendet, schließe die Augen und lasse mich von ihren Strahlen wärmen. Irgendwie ist dieser Morgen eine Ermutigung für mich. Die Wärme und das Licht geben mir ein wenig Hoffnung, dass das heutige Gespräch vielleicht doch etwas bringen könnte.

Heute habe ich frei. So kann ich mich innerlich und äußerlich besser auf das kommende Gespräch einstellen. Andererseits hätte mich die Arbeit vielleicht abgelenkt, die Zeit wäre schneller vorbeigegangen und ich hätte nicht so viel gegrübelt, wie ich es jetzt stattdessen tue. Ich laufe in Gedanken versunken in der Wohnung auf und ab.

Gegen Mittag spüre ich einen starken Druck in der Magengegend. Mein Herz klopft schneller, sobald ich an den Termin denke.

Ich lege mich mit einer Bettflasche aufs Sofa, um noch ein wenig auszuruhen, und schlafe prompt ein.

Ich stehe vor ihrem Haus und klingle. Niemand öffnet. Ich klingle noch einmal, wieder und wieder. Im Haus regt sich nichts. Ich laufe einmal ums Haus herum. Niemand. Dann schaue ich durch ein Fenster. Im Innern sitzt Frau Seifert mit einer anderen Person an einem Tisch. Beide reden intensiv. Sie hat mein Klingeln nicht gehört oder bewusst ignoriert. Vielleicht hat sie den Termin auch vergessen. Vielleicht will sie mich doch nicht. Enttäuscht mache ich mich auf den Heimweg.

Ein lautes Hupen von draußen reißt mich aus meinem Traum. Ich erschrecke, sehe auf die Uhr und bin plötzlich hellwach. Mit einem Satz stehe ich auf den Beinen. Kurz vor halb drei. Um drei Uhr soll ich dort sein. Ich werfe mir die Jacke über, schlüpfe in meine Turnschuhe, nehme meine Tasche und los geht's. Ich muss ein Stück mit dem Bus fahren und dann noch ein paar hundert Meter laufen. Die Luft tut mir gut und hilft mir, ganz zu mir zu kommen. Mir bleibt keine Zeit mehr zum Grübeln, und so lasse ich auf mich zukommen, was mich erwartet.

Dann stehe ich vor einem kleinen Häuschen mit Garten. Ich gehe zur Tür und lese ein Schild, auf dem steht: »Christliche Beratung«. Das Haus wirkt einladend. Ich nehme allen Mut zusammen und drücke auf den Klingelknopf. Ein paar Sekunden später höre ich Schritte. Jemand nähert sich der Tür und öffnet sie. Eine kleine Frau steht vor mir. Sie ist wohl um die fünfzig, hat ein freundliches Gesicht. Sie heißt mich willkommen und führt mich in ihr Beratungszimmer.

Der Raum ist hell und freundlich eingerichtet. Auf dem Boden liegen Matratzen und Kissen, Decken, Kerzen. Ein paar Grünpflanzen stehen im Zimmer.

»Karin, machen Sie es sich bequem! Sie dürfen sitzen, liegen, stehen … wie Sie möchten!«

Ich stehe etwas unsicher da. Eine derartige »Behandlung« bin ich nicht gewöhnt. Ich schaue mir die Kissen an, dann die Matratze. Schließlich setze ich mich auf Letztere, lehne mich mit dem Rücken zur Wand und lege noch ein Kissen auf den Schoß.

Frau Seifert lässt mir Zeit. »Haben Sie gerne Kerzenlicht?« Sie schaut mich fragend an.

»Sehr gerne sogar!«, erwidere ich.

Ich beobachte die zierliche Frau, wie sie ein paar dicke

Kerzen auf den Boden stellt und nacheinander anzündet. Was sie tut und sagt, wirkt beruhigend.

Das Schlimmste ist wohl geschafft, denke ich und sehe mich noch einmal in dem kleinen Raum um.

Keine düstere Atmosphäre, keine kahlen Wände, kein riesiger Schreibtisch, kein Telefon, keine kritischen Blicke hinter dicken Brillenrändern, die mich von Zeit zu Zeit misstrauisch anschauen, wie ich es von meinem Psychiater her gewohnt bin.

Ich schaue zu Frau Seifert. Sie erwidert meinen Blick, dem ich jedoch nicht standhalten kann. Peinlich berührt blicke ich zum Boden, dann zu den Kerzen, deren flackerndes Licht ich fixiere.

»Wie ist es Ihnen seit unserem Telefongespräch ergangen?«, unterbricht sie das Schweigen.

»Es war für mich ziemlich schwierig, zu warten und die Spannung und Angst in mir auszuhalten.«

»Wie äußert sich denn diese Spannung und Angst bei Ihnen?«

Ich starre noch immer in das Kerzenlicht und überlege, dann antworte ich zögernd:

»Es geht mir oft so, dass ich vor oder in neuen Situationen sehr angespannt bin, weil die Angst im Vordergrund steht. Ich habe Angst, abgelehnt, zurückgewiesen, weggeschickt zu werden. Ich habe auch jetzt Angst, dass Sie mir nach unserem Gespräch mitteilen, dass Sie eine weitere Zusammenarbeit nicht sehen. Darum auch die Anspannung.« Ich bin über mich selbst erstaunt, wie klar ich in der Gegenwart der Therapeutin formulieren kann, was mir sonst ziemlich schwer fällt, zumindest, was das Mündliche angeht.

Frau Seifert schaut mich verständnisvoll an. »Ich kann gut nachvollziehen, was Sie meinen, aber ich finde es ganz wichtig, dass Sie trotzdem immer wieder Schritte wagen. Und außerdem will ich Ihnen zu Ihrem Mut gratulieren, Karin, dass Sie es bis hierher geschafft haben, ohne wieder abzusagen.«

Ich merke, wie ich ein wenig rot anlaufe, aber ich freue mich über diese Bemerkung.

Dann besprechen wir noch, über welche Themen wir miteinander reden werden:

Über meine Depressionen, die Schlafstörungen, die Ängste, über meinen Vater und seine Alkoholabhängigkeit, meine Selbstmordgedanken und was sich sonst noch ergibt.

Dann ist die Zeit schon bald um.

»Wie soll es jetzt weitergehen?«, frage ich Frau Seifert.

Sie überlegt kurz. »Ich denke, wir sollten uns beide über das Gespräch von heute Gedanken machen und dann in ein paar Tagen miteinander telefonieren. Auch wenn es wieder Warten bedeutet, will ich Sie dazu ermutigen, die Spannung auszuhalten, mit sich selbst und ihren Gefühlen ins Gespräch zu kommen und mir erst dann Bescheid zu geben. Schreiben Sie am besten alles auf, was in Ihnen in den nächsten Tagen an Fragen, Zweifeln, Gefühlen, Erinnerungen, Ängsten vorhanden ist. Schreiben Sie ab und zu Tagebuch?«

»Ja, hin und wieder. Als Vorbereitung für dieses Treffen habe ich seit langem wieder sehr intensiv geschrieben«, entgegne ich.

»Dann machen Sie weiter so!«, gibt mir Frau Seifert noch mit auf den Weg.

Wir verabschieden uns voneinander, und ich gehe mit leichteren Schritten nach Hause, als ich gekommen bin. Die Art von Frau Seifert hat mir gut getan, vor allem auch, dass sie mich sein ließ, wie ich gerade war – zumindest bei diesem ersten Gespräch. Meistens hatte ich auch die ersten Gespräche bei den anderen Therapeuten und Seelsorgern recht gut erlebt, war manchmal sogar begeistert, bis ich dann nach einigen Gesprächen die ersten Mängel bemerkte und mir irgendetwas nicht passte oder mich verletzte.

Auf jeden Fall hat mich dieses Gespräch ermutigt, denke ich. Zu Hause setze ich mich gleich an den Tisch und hole mein Tagebuch hervor. Ich schreibe rückblickend alles auf: wie es mir vor dem Gespräch ergangen ist, wie danach, was mir gut getan hat, was mir gerade durch den Kopf geht. Das tut gut. Frau Seifert erinnert mich irgendwie an unsere Mieterin von damals – an Oma Hanni. Ihre Art tut mir gut. Ich bin gespannt, wie die folgenden Gespräche verlaufen werden.

Ich habe wieder Hoffnung – wieder ein Stück mehr Lebensmut. Ich habe zu dieser Frau ein erstes vorsichtiges Vertrauen gefasst, und doch schwingt ein gewisses Misstrauen mit und vor allem die Angst, dass sie bald von ihrem Glanz und ihrer rundum positiven Aura in meinen Augen verliert – die Angst, wieder enttäuscht zu werden, ist auch da, das kann ich nicht leugnen.

Kurze Zeit später liege ich in meinem Bett und seufze erleichtert. Im Hintergrund lasse ich leise Instrumentalmusik laufen. Mir ist wohl. Ich muss heute Abend nicht grübeln und schlafe bald ein.

Nicht NEIN sagen

Bei meiner Arbeit fällt mir zunehmend auf, wie ich dort behandelt und herumkommandiert werde. Ich erschrecke, weiß aber nicht, wie ich mich wehren soll. Ich fühle mich erniedrigt und wie einen Lehrling im ersten Lehrjahr behandelt, dabei bin ich gelernte Konditorin. Bei mir kritisiert der Chef viel schneller und frecher als bei anderen.

Wieso? Strahle ich etwas aus, das andere dazu einlädt, mich so zu behandeln? Reize ich andere zu einem bestimmten Verhalten?

Ich fühle mich erniedrigt und wie der letzte Dreck. Zuerst habe ich mich so auf das Praktikum im Kinderheim gefreut, und jetzt das. Ich betreue alleine eine Kindergruppe von zwei bis sechs Kindern. Ich habe die Kleinsten. Die Arbeit mit ihnen gefällt mir, aber leider habe ich es im Team der Leiter nicht besonders gut. Wenn ich mit ihnen zusammen bin, habe ich das Gefühl, ein Eindringling zu sein, eine Außenseiterin, die stört. Ich fühle mich wie das fünfte Rad am Wagen. Alles, was ich mache, ist falsch und wird kritisiert. Ich versuche zu beten und Gott zu vertrauen, aber an der Situation ändert sich nichts. Manchmal denke ich, dass es nur noch schlimmer wird. Täglich erlebe ich Ablehnung, Kritik und dass ich bewusst ignoriert werde.

Bei der Arbeit ist es dasselbe. Ich lasse mich wie ein Dienstmädchen behandeln und mache die Arbeit, die niemand tun will.

Wieso wehre ich mich nicht? Wieso setze ich keine Grenzen? Schweigend erledige ich die mir zugewiesenen Aufgaben, die ich als gelernte Bäckerin nicht machen müsste.

Ich habe Angst, klar zu sagen, was ich will. Ich fühle mich sowieso schon abgelehnt, unerwünscht, dumm und am Rand.

Schweigend sitze ich am Küchentisch. Vater isst kaum etwas, trinkt dafür umso mehr Bier. Die Fahne, die er verbreitet, verdirbt mir den Appetit. Ich schaue ihm eine Weile zu und stochere in meinem Essen. Dann sage ich leise: »Papa, bitte trink doch nicht so viel Bier!« Papa schaut mich böse an. »Ich trinke doch gar nicht viel Bier. Was behauptest du da? Werd bloß nicht frech!« Verschüchtert starre ich auf meinen Teller. Es hat keinen Sinn, etwas zu sagen.

Papa redet kein Wort mehr mit mir. Meine Mutter straft mich mit bösen Blicken, denn nun ist die Stimmung völlig verdorben – und ich bin schuld daran. Papa schweigt mich tagelang an. Jeden Tag kommt er betrunken nach Hause. Ich nehme mir vor, ihn und sein Verhalten nicht mehr in Frage zu stellen, keine Wünsche mehr zu äußern, zu schweigen …

Ich habe von da an erst recht Angst, etwas zu sagen. Papa oder andere könnten böse auf mich sein oder mich bestrafen – mit Schweigen, mit Liebesentzug, mit dem Entzug einer Liebe, die ich sowieso nie bekommen habe, nach der ich mich aber umso mehr sehne.

Die Angst ist mit den Jahren immer größer geworden. Ich habe vor allem vor Männern Angst, dass sie mir etwas antun könnten, dass sie mir schaden oder dass ich meine Stelle verliere, wenn ich ihnen widerspreche, frech bin oder Nein sage. Ich habe immer wieder erlebt, dass Männer am längeren Hebel saßen, dass sie ihre Position oder Macht ausgespielt haben, dass sie mit körperlicher Stärke gedroht oder mich eingeschüchtert haben.

Als ich im Bett liege, grübele ich noch immer. Ich habe mich von klein auf nach Liebe und Geborgenheit gesehnt. Ständig hat die Leere an meinem Inneren genagt sowie das Gefühl, nicht dazuzugehören, unerwünscht zu sein, an allem schuld zu sein. Ich fühle mich abgelehnt, als Sündenbock. Für was? Über dem Grübeln fallen mir die Augen zu.

Es ist kurz nach der Auflösung der Backstube. Meine Eltern haben Besuch. Alle sitzen hinter der geschlossenen Wohnzimmertür. Ich schleiche mich leise an und schaue durchs Schlüsselloch. Meine Eltern reden. Ich glaube, sie reden von mir. Sie erzählen von früher. »Und dann war Karin unterwegs. Ein Unfall.« Und: »Wir hätten besser aufpassen sollen.« Mama sagt: »Schließlich haben wir geheiratet, aber es wurde nur noch schwieriger.« Wie unter Schock stehe ich an der Tür. Dann mache ich kehrt, vergrabe meinen Kopf im Kissen und weine, bis keine Tränen mehr kommen. Mein Kopf will fast zerspringen, dann zieht eine dunkle Wolke von Traurigkeit über mich und bleibt. Wie Nebelschwaden hält die gedrückte Stimmung in mir Einzug und füllt jede Lücke aus. Meine Eltern wollen mich nicht, kreist es in meinem Kopf. Endlich erlöst mich der Schlaf, der mich das, was war und was ist, für ein paar Stunden vergessen lässt.

Sie wollen mich nicht. Wer will mich schon? Nicht einmal ich mag mich.

Nein sagen. Sagen, was ich will. Grenzen setzen. Wenn ich nur wüsste, wer ich bin und was ich will. Ich weiß, dass ich lernen muss, mich zu wehren. Aber will ich das überhaupt? Sind die Kosten nicht zu hoch: vielleicht abgelehnt werden, Freunde verlieren, Hass statt Liebe ernten, vielleicht die Stelle verlieren, andere verärgern, Disharmonie ertragen müssen, Spannungen aushalten? Der Preis kommt mir sehr hoch vor. Andererseits erlebe ich sowieso schon genügend Ablehnung.

Nach der Arbeit hole ich mein Fahrrad aus dem Keller und radle aus der Stadt heraus, über die Felder, durch den Wald. Ich atme die frische Luft ein. Dann fahre ich, so schnell ich kann, und lasse meine ganze angestaute Energie ins Pedal fließen. Es tut gut so dahinzufliegen, den Berg hochzustrampeln und wieder hinunterzusausen. Völlig außer Atem komme ich zu Hause an.

Wieder in der Wohnung entschließe ich mich dazu, bei Frau Seifert anzurufen. Doch ich habe Angst. Angst vor einem Nein, Angst davor, abgelehnt und zurückgewiesen zu werden. Ich spüre jedes Mal meinen Puls bis in den Kopf, wenn ich am Telefon stehe. Innerlich habe ich mir schon die Worte zurechtgelegt, die ich sagen möchte, habe mir sogar ein paar Notizen gemacht.

Aber ich schaffe es nicht. Ich schiebe den Anruf auf den späten Nachmittag, dann auf den Abend.

Gerade als ich mich in meinen Korbsessel setzen will, läutet das Telefon.

Es ist Frau Seifert.

»Ich habe mir vorgenommen, Sie heute Abend anzurufen, Karin. Wie ist es Ihnen ergangen? Sehen Sie eine weitere Zusammenarbeit, also Gespräche mit mir?«

Ich atme tief durch. Meinen Zettel mit den Notizen habe ich nicht bei mir, ich habe auch vergessen, was ich mir vorgenommen hatte zu sagen, wenn ich anrufen würde. Ich stottere zu Beginn ein wenig, doch dann kann ich wieder klar formulieren, so wie es beim ersten Gespräch der Fall war. »Eh, eigentlich, eh, ist es mir gut ergangen. Ich habe versucht intensiver wahrzunehmen, was mit mir und in mir geschieht, habe viel aufgeschrieben. Ich wäre sehr froh um weitere Gespräche bei Ihnen. Da ist nur die Angst bis jetzt beziehungsweise die Frage: Nehmen Sie mich oder nicht?« Ich habe mir eigentlich vorgenommen, diese Frage nicht zu stellen, sondern zu warten, was Frau Seifert sagen würde. Zu spät. Jetzt ist es mir herausgerutscht.

»Ich nehme Sie. Ich merke, dass Sie sich bemühen, offen zu sein, und außerdem hat mir gestern eine andere Person abgesagt, die kommen wollte. Nun habe ich wieder Kapazitäten und kann Ihnen mit gutem Gewissen zusagen.«

Ich habe nur die ersten drei Worte richtig gehört: »Ich nehme Sie!« Den Rest bekomme ich nur am Rande mit.

»Eine Bitte habe ich noch«, fügt Frau Seifert hinzu. Ich spüre, wie mein Puls wieder schneller schlägt.

»Karin, ich bitte Sie darum, dass Sie mir immer nur das sagen, wozu Ihr Inneres bereit ist, nichts, wobei Sie Zweifel haben. Sie dürfen lernen, das zu sagen, was Ihr Inneres zulässt, lernen Grenzen zu setzen und auch Nein zu sagen! Bei mir ist alles freiwillig. Sie müssen nichts antworten. Sie dürfen jederzeit Stopp sagen.«

»Mal sehen, ob ich das schaffe. Das habe ich nie gelernt«, entgegne ich. Das sind genau die Fragen, die mich beschäftigen. Vielleicht ist das eine Chance.

Nachdem wir einen weiteren Termin für den übernächsten Tag vereinbart haben, hänge ich den Hörer auf und lasse einen Jauchzer los – natürlich so leise, dass es niemand von den Nachbarn über, unter oder neben mir hören kann …

»Sitzen Sie bequem?«, fragt mich Frau Seifert.

Ich rutsche noch eine Weile auf der Matratze hin und her und lege mir ein paar Kissen zurecht.

»Jetzt ist es gut.« Ich schaue der Therapeutin einen Moment lang in die Augen, dann konzentriere ich mich wieder auf die flackernden Kerzen in der Mitte.

»Erzählen Sie mir etwas über sich. Über Ihre Kindheit. Über die kleine Karin. Was Ihnen spontan einfällt. Es geht nicht um Namen, Ort oder Zeitpunkt, sondern um die Situationen und Erlebnisse, die Sie besonders geprägt haben, die Ihnen noch so in Erinnerung sind, als wären sie gestern geschehen, oder die Sie bis heute verfolgen, in Träumen wiederkehren …«

»Ich werde es versuchen«, entgegne ich, und merke gleichzeitig, vor welcher Herausforderung ich stehe. Es vergehen einige Minuten. Noch immer sitze ich schweigend da und starre ins Feuer.

Ich löse meinen Blick von den Flammen und schaue Frau Seifert an.

»Ich werde es versuchen!« Dann wende ich meine Augen wieder den Kerzen zu und beginne zu erzählen, was mir in den Sinn kommt, erst stockend, dann immer schneller, durcheinander wie ein Wirbelsturm – so wie meine Gedanken und Gefühle sind: aufgewühlt.

Es tut gut, mir das von der Seele zu reden, was mir in den Sinn kommt.

Als ich fertig bin, fragt mich Frau Seifert, wer und wo Gott für mich ist – damals und heute.

Die Frage überrascht und verwirrt mich zunächst ein wenig, bringt mich aber auch zum Nachdenken.

»Manchmal scheint mir Gott weit weg zu sein, vor allem wenn ich wieder einmal mitten in einer Depression stecke, wenn das Leben noch sinnloser als sonst erscheint und wenn alles schief geht. Als Kind habe ich oft gebetet. Da hatte ich Vertrauen in Gott und den Glauben, dass er helfen kann und wird. Inzwischen ist mir dieses Vertrauen verloren gegangen. Manchmal kommt es mir vor, als wenn Gott schweigen würde, und ich schweige auch. Ich habe mich an den Zustand gewöhnt. Ich weiß nicht, was ich mit Gott reden soll, und kann mir auch nicht vorstellen, wie er mir helfen sollte. Aber andererseits möchte ich wieder den Zugang zu ihm finden.«

»Haben Sie schon einmal versucht, Gott im Tagebuch direkt anzusprechen?«

»Nein, nicht direkt, aber das könnte ich mal versuchen. Vielleicht wird er mir dadurch wieder vertrauter. Das Schreiben fällt mir sowieso leichter als das Reden.«

Ich nehme mir vor, es in den nächsten Tagen zu versuchen.

»Ich schlage vor, dass wir hier einen Punkt setzen und das nächste Mal fortfahren. Schreiben Sie Tagebuch, wenn es Ihnen möglich ist, Karin. Schreiben Sie Gedanken, Erinnerungen, Träume auf, und versuchen Sie einmal, mit dem Gott, mit dem Sie als Kind gesprochen haben, wieder Kontakt aufzunehmen! Wenn es nicht geht, dann lassen Sie es!«

Bekannte Gerüche

Ich sitze im Bus, schaue aus dem Fenster und hänge meinen Gedanken nach.

An der nächsten Station setzt sich ein ungepflegter Typ neben mich. Zu nah. Er grinst mich von der Seite an. Aus allen Poren riecht er nach Alkohol. Mir wird schlecht. Ich brauche frische Luft.

Der Mann versucht, ein Gespräch mit mir zu beginnen. Ich antworte kaum. Ich will hier nur raus. Aber ich muss an ihm vorbei oder über ihn drübersteigen. Das hätte er wohl gerne. Er lallt etwas von hübsch und davon, ein Date mit mir abzumachen. Ich gehe nicht darauf ein. Finde ihn widerlich.

Endlich schaffe ich es, ihm lieb und brav zu sagen, dass ich gerne aussteigen möchte. Alkoholiker muss man mit Samthandschuhen anfassen. Auf keinen Fall frech werden, damit sie nicht aggressiv oder handgreiflich werden. Er müsse sich überlegen, ob er mich rauslässt. Hämisch grinst er zu mir rüber. Frecher Kerl. In mir steigt die Wut hoch, aber auch die Angst. Meine Fassade lächelt freundlich. Ich stehe auf, nehme meinen Rucksack und zeige, dass ich gehen will. Zum Glück macht er Anstalten, sich zu erheben. Ich quetsche mich an ihm vorbei, berühre seine stinkende Kleidung. Als ich es fast geschafft habe, an ihm vorbeizukommen, kneift er mir in den Hintern. »Scheiße«, denke ich.

»Hey«, sage ich und werfe ihm einen wütenden Blick zu. »Lassen Sie das bitte!« Ich bin überrascht und erschrocken zugleich, in der Gegenwart dieses Mannes zu sagen, was ich nicht will, doch schon bereue ich meine Worte. Sein Gesichtsausdruck verdüstert sich schlagartig und er fährt mich an: »Was willst du, du freche Göre? Warte, dich erwische ich.« Er lallt noch mehr, was ich nicht verstehe. Ich bin bei der Tür. Der Bus hält. Ich drücke auf den Knopf. Die Tür geht auf. Ich steige hastig aus und setze mich eilig in Bewegung. Schaue immer wieder zum Bus und zu meinem Verfolger. Mein Puls pocht im Hals, mein Herz zum Zerspringen. Ich habe Angst. Der Schweiß bricht mir aus. Der Betrunkene versucht, Schritte zur Tür zu machen. Es steigen noch mehr Personen aus. Er kommt nicht durch. Die Tür schließt sich. Der Bus fährt ab. Ich bleibe stehen, lehne mich gegen eine Mauer. Zwei Haltestellen bin ich zu früh ausgestiegen. Ich werde den Rest laufen. Die Luft wird mir gut tun. Die Seitenstraßen sind sicherer, falls er an der nächsten Haltestelle aussteigt und mich sucht. Ich habe immer noch Angst. Schaue mich an jeder Ecke um. Zum Glück ist es noch hell. Ich gehe nicht mehr einkaufen, wie ich es mir eigentlich vorgenommen habe. Nichts wie heim!

Endlich stehe ich vor der Wohnungstür und öffne. Geschafft! Ich bin zu Hause. Sofort schließe ich von innen wieder zu. Ich habe noch immer Angst.

Am liebsten würde ich mich jetzt bei Frau Seifert melden, aber bis zu unserem nächsten Termin dauert es noch eine ganze Woche. Was tun? Ich möchte schreien, muss aber leise sein, sonst beschweren sich die Nachbarn. Ich möchte etwas zusammenschlagen oder einen Boxsack boxen, habe aber keinen. Ich möchte rennen, rennen, rennen, aber ich traue mich nicht mehr aus der Wohnung heraus. Ich fühle mich schmutzig, stinkig und habe den Geruch von Alkohol noch immer in der Nase. Ich wasche mich, ziehe mich um und koche mir einen Kaffee.

In einem frischen Pyjama und im Morgenmantel setze ich mich mit der Tasse Kaffee in meinen Korbsessel und beobachte, wie die Sonne langsam untergeht. Ich knipse nach und nach die Lichter in meiner Wohnung an, um der einbrechenden Dunkelheit entgegenzuwirken. Ich habe Angst im Dunkeln, erst recht nach einem derartigen Erlebnis.

Ich fühle mich einsam. Mit wem soll ich reden? Da fällt

mir der Vorschlag ein, im Tagebuch mit Gott zu sprechen. Ich werde es versuchen, denke ich, stehe auf und hole meine Schreibutensilien.

»Lieber Gott!« Nein, das klingt nicht gut. Wie ein kleines Kind. Außerdem – ist er wirklich lieb? Warum habe ich dann schon so viel Schlimmes erlebt? Warum wieder das mit dem Alkoholiker? Ich streiche das »lieber« durch. Dann sitze ich da, schaue auf die leeren Seiten vor mir, knabbere nervös an meinen Fingernägeln und habe einen leeren Kopf. Ich zittere noch immer, wenn ich an den Typ im Bus denke. Ich verspüre Ekel, Wut und Angst. Der Stift zittert in meiner Hand.

Schließlich kommen mir ein paar Wortfetzen in den Sinn – Gedanken, Gefühle, die ich formuliere. Nach einer Weile fließen die Sätze aus mir heraus in den Stift aufs Papier. Ich schreibe ununterbrochen. Dann höre ich auf. Ich setze kein »Amen« unter das Geschriebene – nur drei Pünktchen. Es wird eine Fortsetzung geben.

Ich fühle mich besser. Und Gott? Ich weiß nicht, wo er ist. Hat er das jetzt gelesen?

Die Müdigkeit ergreift langsam, aber zunehmend Besitz von mir. Schlafen wird jetzt das Beste sein. So entkomme ich der Angst in der Nacht, dem Dunkel, dem Grübeln. Ich gehe zu Bett. Ein Licht lasse ich brennen. So fühle ich mich sicherer. Der Schlaf über*mannt* mich.

Die Geburtstagsparty ist in vollem Gang. Die laute Musik dröhnt in meinen Ohren. Lachen, Grölen, Reden, Schreien – alles durcheinander. Ich sitze bei meinen Cousins, Cousinen und Geschwistern, kann mich aber nicht konzentrieren. Ich muss immer wieder zu meinem Vater schauen und beobachten, wie viel er trinkt. Überall liegen leere Bierflaschen herum. Volle hat es noch genügend. Das reicht für die ganze Nacht. Mein Onkel Bernd steht im Mittelpunkt und sorgt auch dafür, dass er im Mittelpunkt bleibt. Er wird fünfzig. Seine Töchter haben für ihn eine

Überraschungsparty organisiert. Wir feiern in unserem Keller, der groß genug ist. Jeder hat einen Salat oder einen Nachtisch mitgebracht. Dazu gibt es Würstchen. Ich esse hastig, werfe immer wieder kontrollierende Blicke zu meinem Vater und beobachte. Er und Onkel Bernd amüsieren sich mit ihren Arbeitskollegen, Trinkbrüdern und sonstigen Gästen. Sie trinken Wein, Bier, Sekt – alles durcheinander, was gerade auf dem Tisch steht. Mama und Bernds Frau liefern ständig Nachschub. Ich verstehe Mama nicht. Ich bin wütend. Aber ich sage nichts. Will den Abend nicht verderben.

Ich bin todmüde, versuche aber krampfhaft mich wach zu halten. Ich habe Angst, dass etwas Schlimmes passiert, dass Papa in seinem Rausch etwas Dummes anstellt, ohne zu wissen, was er tut. Ich schaue zu und passe auf. Wenn Papa betrunken ist, dann löst sich seine Zunge. So auch dieses Mal. Er beginnt, Sachen zu erzählen, die nicht stimmen. Er stellt Mama bloß, die sich nicht wehrt. Er behauptet, sie hätte einen Freund, würde ihn betrügen und sei untreu. Er verdreht die Tatsachen, vertauscht die Rollen. Ich schaue zu Mama hinüber. Sie sitzt fast leblos da, starrt vor sich hin. Alle Farbe ist aus ihrem Gesicht gewichen. Papa und Onkel Bernd stehen wankend auf und beginnen, zur Volksmusik zu tanzen. Wie zwei Trottel, denke ich und schäme mich für meinen Vater. Dazu singen sie sinnloses Zeug, grölen und lachen. Ich stehe auf. Gehe hoch. Mache mich fürs Bett fertig und versuche zu schlafen. Es geht nicht. Schließlich stehe ich wieder auf, werfe mir den Morgenmantel über und eile nach unten. Die Angst, dass etwas geschehen sein könnte, treibt mich vorwärts. Ich muss nachschauen. Es ist tatsächlich etwas passiert. Papa und Onkel Bernd tanzen noch immer – allerdings in der Unterhose. Wie ihre dicken Bierbäuche herumwackeln! Schamgefühle und Ekel überfluten mich. Die Situation ist mir peinlich. Doch ich muss jetzt erst recht dableiben und aufpassen. Erschöpft lasse ich mich auf eine Bank fallen und lehne mich gegen die Wand. Angewidert schaue ich zu. Papa und Onkel Bernd scheinen sich köstlich zu amüsieren. Mama sitzt bei den anderen Verwandten und starrt vor sich hin. Ich blicke zu Papa und kann es kaum fassen. Aber mir fehlt der Mut, aufzustehen und dem Ganzen ein Ende zu setzen. Ich will nur da sein, wenn Mama oder Papa Hilfe brauchen. Jetzt dreht sich Onkel Bernd um und sieht mich. Er grinst mich an. Mir wird ganz komisch. Er torkelt auf mich zu und klatscht dabei alles andere als rhythmisch in die Hände. Mein Herz klopft. Er umtänzelt mich und kommt ganz nah. Ich rieche seinen Schweiß und den Alkohol. Mir wird übel. Ich will hier weg. Ich drücke mich so weit nach hinten, wie es nur geht, aber ich lehne schon an der Wand. Ich wende meinen Kopf weg. Er kommt näher und haucht: »Na, Kleine, wie wär's denn mit uns beiden?« Dann setzt er sich neben mich. Ich muss würgen, versuche mir die Nase zuzuhalten. Dann packt er mich und legt mich auf die Bank. Ich kann mich nicht wehren. Ich versuche es, aber ich kann mich nicht mehr bewegen. Ich will schreien und bleibe stumm. Kein Ton kommt aus mir heraus. Der widerliche Kerl legt sich auf mich. Er ist nur in der Unterhose. Sein Bauch drückt mich platt. Ich bekomme keine Luft mehr, kann kaum atmen. Er hält mich fest. Alle schauen zu. Keiner hilft. Ich will schreien, schreie stumm und winde mich hin und her …

Ich wälze mich im Bett hin und her und schreie – laut. Dann erschrecke ich. Mit tränenüberströmtem Gesicht setze ich mich auf und schaue mich um. Meine Nachttischlampe brennt noch immer. Habe ich wirklich geschrien? Ob es jemand gehört hat? Der Schreck sitzt mir in den Gliedern. Ich spüre die Übelkeit, habe wieder den ekligen Geruch in der Nase, fühle mich dreckig und voller Bakterien. Der Traum ist kein Traum. Er ist ein geträumtes Erlebnis der Vergangenheit. Sie hat mich eingeholt. Es ist schrecklich.

Ich kämpfe gegen das Erbrechen, stehe auf und koche mir einen Kamillentee.

Meine Haut ist verschwitzt und klebrig. Ich fühle mich unwohl und schmutzig. Es ist, als wenn mein Onkel tatsächlich auf mir gelegen hätte. Der Druck auf den Magen geht langsam wieder weg. Duschen oder Baden wäre jetzt gut, doch das kann und will ich nicht, denn ich ertrage es nicht, mich selbst zu spüren.

Schlafen kann ich nicht mehr. Es ist vier Uhr am Morgen. Ich hole mein Tagebuch und einen Stift, setze mich im Schneidersitz auf meine Matratze und schreibe wild drauflos. Ich schreibe meine Wut heraus, den Ekel, die Angst, die Scham, den Hass. Ich schreibe nicht an Gott. Ich schreibe an meinen Onkel und beschimpfe ihn mit wüsten Worten. Ich klage ihn an. Das tut gut.

Ich schreibe noch weiter, bis die Anspannung aus meinem Körper gewichen ist, bis der Druck draußen ist. Das Schreiben wird zu einem Ventil. Dann wende ich mich an Gott und richte meine Worte an ihn.

»Gott, ich verstehe dich nicht. Wenn du da bist, warum geschieht dann so viel Schlimmes? Wenn du alles siehst, dann hast du auch das gesehen, was damals geschehen ist, und noch viel mehr. Warum hast du geschwiegen? Warum hast du mir nicht geholfen? Wen oder was soll ich mir unter einem allmächtigen Gott vorstellen? Gleichzeitig bist du mir so fremd. Wer bist du? Wo warst du? Wo bist du?«

Es tut mir gut, das zu schreiben. Ich lege den Stift zur Seite und denke nach. Manchmal habe ich Angst, Gott könnte wie mein Vater sein: fremd, weit weg, unberechenbar, unbarmherzig, schweigend. Vielleicht wartete Gott nur darauf, mich strafen zu können. Einen richtigen Vater habe ich nicht gehabt. Mein Erzeuger hat sich eigentlich nie um uns Kinder gekümmert. Wie soll ich mir da Gott vorstellen? Meine Gedanken wandern zurück in die Zeit, als mein Glaube an Gott noch kindlich war.

Die Sonntagsschule hat mir sehr gut gefallen. Wir haben die Geschichte von der Stillung des Sturms durchgenommen. Jesus hat Wind und Wasser geboten zu schweigen, und schon war der See ruhig. Mama holt mich ab. Ich gebe ihr die Hand und wir laufen den Weg nach Hause zurück. Wir gehen auch ein Stück durch den Wald. Ich habe keine Angst, denn Mama hält mich fest. Außerdem: Wenn Jesus Macht über Wind und Wasser hat, dann erst recht über den Wald. Ich fühle mich sicher. Ich erzähle Mami von unserer Geschichte.

Als wir nach Hause kommen, sitzt Papa am Küchentisch. Er hat zu tief in die Flasche geschaut. Die alte Angst will in mir hochkriechen. Aber ich spreche mir innerlich Mut zu. Jesus müsste doch auch Macht über den Alkohol haben. Das tröstet mich. Papa beginnt mit Mami ein Streitgespräch, spottet über ihren Kirchgang, spottet über Gott. Das tut mir weh. Der Sturm tobt. Ich gehe in mein Zimmer, lasse aber die Tür einen Spalt weit offen, um alles mitzubekommen. Mama sagt kaum etwas. Ich merke, dass sie jetzt nicht streiten will. Papa ärgert sich, dass sie nicht auf seine Sticheleien eingeht. Schließlich verlässt er das Haus. Wenn er wieder zurückkommt, wird sein Zustand noch schlimmer sein. Ich habe Angst.

Mama kommt in mein Zimmer. Sie sieht traurig aus. Sie setzt sich zu mir auf den Bettrand und sieht mich an. Dann singt sie mit mir das übliche Schlaflied, doch ich höre den Inhalt nicht. Vielmehr spüre ich ihre Angst, ihre Unruhe und die Anspannung, die sich auch auf mich überträgt. Als Mama wieder gegangen ist, liege ich noch lange wach und grüble. Ich kann nicht schlafen. Und Gott? Er scheint weit weg zu sein. Das Wasser und die Wellen schlagen über mir zusammen.

Fortsetzung

Noch immer sitze ich am Schreibtisch und kritzle mit meinem Stift übers Papier.

Ich beginne mit dem nächsten Kapitel meiner Vergangenheit.

»Mit der Zeit bekam mein Vater bei dem Umzugsservice Rückenprobleme. Die schweren Transporte wirkten sich auf seine Gesundheit aus. Lange Zeit nahm er die Schmerzen allerdings nicht ernst und arbeitete trotzdem weiter. Die Rückenprobleme wurden eines Tages so stark, dass er die schwere körperliche Arbeit nicht mehr machen konnte. Schließlich gab er den Nebenjob auf. Ich freute mich über diese Entscheidung riesig und hoffte insgeheim, Papi würde nun mehr Zeit für uns haben, mit uns spielen und basteln. Ich wurde enttäuscht. Die Realität sah ganz anders aus.«

Papa läuft unruhig im Gang auf und ab – wie ein gefangener Tiger. Er ist schlecht gelaunt. Er ist unzufrieden. Seit er nicht mehr nebenbei arbeiten kann, verbreitet er entweder schlechte Stimmung oder er sitzt noch häufiger in der Wirtschaft. Schimpfend geht er in die Küche und macht den Kühlschrank auf. »Auch das noch«, höre ich ihn meckern. »Fast kein Bier mehr da! So kann das nicht weitergehen. Wir brauchen mehr Geld!« Er kommt zurück und geht weiter auf und ab. Vorsichtig wage ich mich einen Schritt aus meinem Zimmer heraus und rufe ihn leise. Zuerst hört er mich nicht, dann schaut er auf: »Was gibt's denn?« »Papi, spielst du etwas mit mir? Oder gehen wir zusammen zu den Ziegen?« Er winkt ab. »Ach, lass mich in Ruhe. Wir haben Sorgen. Wie kannst du da nur ans Spielen denken?« Ich verschwinde in meinem Zimmer und schließe die Tür, werfe mich auf mein Bett und weine in mein Kissen, damit es niemand hört.

»Mein Vater wusste mit der freien Zeit, die er nun mehr als genug hatte, nichts anzufangen. Es dauerte nicht lange, da suchte er sich erneut eine zusätzliche Beschäftigung, um die entstandene Leere auszufüllen. Er machte sich sogar selbstständig, indem er ein Putzgeschäft eröffnete – ein Reinigungsinstitut, wie er es nannte. Zuerst arbeitete er alleine und kam auch zufriedener nach Hause. Er putzte Büros, Geschäfte, Schiffe, Wohnungen – alles Mögliche. Er kaufte sogar einen Kleinbus als Geschäftswagen, mit dem er unterwegs war. Das Geschäft lief erstaunlich gut. Papa bekam sogar immer mehr Aufträge, denen er gar nicht alleine nachkommen konnte. So stellte er noch Putzfrauen ein – Reinigungsassistentinnen. Keinen Mann. Es waren vor allem Hausfrauen, die einige Stunden pro Tag für ihn arbeiteten. Vaters Nächte und Tage waren nun ganz mit Arbeit ausgefüllt. In der Nacht arbeitete er in der Großbäckerei, und wenn er am frühen Morgen nach Hause kam, setzte er sich in den Kleinbus, holte alle Putzfrauen zu Hause ab und fuhr sie zur Arbeit. Mama war von dieser Art Beschäftigung nicht begeistert, erst recht nicht, als Vater all die Frauen einstellte. Sie durfte jedoch kein Wort sagen, durfte sich noch nie in Papas Angelegenheiten einmischen. Sie durfte ihm nicht einmal Putzarbeiten abnehmen, wenn eine Putzfrau aus irgendeinem Grund nicht kommen konnte. Lieber sagte er dem Auftraggeber den Termin ab, als dass er Mama einspringen ließ. Sie durfte ihm auch keinen Putzlappen waschen. Es war sein Geschäft, wie er immer wieder betonte. Das Einzige, was Mama machen durfte, war, das Baby einer Angestellten zu hüten. Sie kam am Morgen, gab ihr Kind ab und stieg dann in Papas Auto. Ich hasste sie. Ich hasste sie alle! Das Baby war zwar goldig und eigentlich liebte ich Kinder über alles, doch einmal überkam mich ein solcher Hass, als ich mit diesem Kleinen alleine war, dass ich es so fest in die Backen kniff, bis es vor Schmerz laut schrie. Danach hatte ich ein schlechtes Gewissen. Eigentlich wollte ich mich am liebsten an der Mutter des Babys rächen, doch das hätte ich mich nie getraut, und so ließ ich meine Wut an dem hilflosen Kind aus.

Die Beziehung meiner Eltern stand in einer großen Spannung. Kaum war Vater zu Hause, gab es wegen Kleinigkeiten Streit. Es fehlte nie viel, bis das Fass überlief. Ich hatte auch das Gefühl, dass Papa uns vieles verheimlichte, dass er uns belog. Er war nicht mehr der alte Papa, schon lange nicht mehr. Irgendwann ist mir bewusst geworden, dass ich meinen Vater verloren hatte. Gemerkt habe ich es vor allem, als er Michaela einstellte.«

Ich lege den Stift zur Seite und schaue aus dem Fenster.

Ich schaue aus meinem Zimmerfenster. Gerade fährt ein Auto vors Haus. Es ist das Auto von Michaela. Ein sportlicher Wagen. Papa steigt aus. Dann beugt er sich noch einmal ins Auto hinein und küsst Michaela. Mir geht ein Stich durchs Herz. Stocksteif stehe ich da und kann nicht fassen, was ich da sehe. Es ist kein gewöhnlicher Abschiedskuss. Da ist mehr im Spiel. Ich kann mich nicht daran erinnern, dass mein Vater Mama in den letzten Jahren einen Kuss gegeben oder sie in den Arm genommen hat. Das muss ewig her sein. Jetzt fährt das Auto weg und ich höre Papas schwere Schritte auf der Treppe. Mama erwartet ihn schon. »Was treibst du mit dieser Frau?« Ich lehne mein Ohr ganz nah an die Tür. Papas Stimme klingt unschuldig. »Welche Frau?« »Na, deine Sekretärin, die du mitten auf der Straße küsst, oder meinst du, ich sei blind?« »Was hast du gegen einen Abschiedskuss?« Papas Stimme wird ärgerlich. »Ich glaube, du hast Verfolgungswahn.« »Und was ist das hier?« Ich höre, wie ein Papier auseinander gefaltet wird, kann aber nichts sehen. »Soll das etwa ein Arbeitsplan sein? Für mich liest sich das eher wie ein Liebesbrief.« Jetzt schreit Vater: »Mische dich gefälligst nicht in meine Angelegenheiten ein. Lass mich in Ruhe! Ich habe genug Ärger!« Ich höre, wie sich Vater wieder anzieht und die Wohnungstür öffnet. Mama ruft ihm noch hinterher: »Dann suche dir jemand anderen, der dir deine Kleider reinigt. Deine Dreckwäsche geht mich ab sofort auch nichts mehr an.« Die Tür knallt ins Schloss und ich höre Mama murmeln: »Ich hasse dich!«

Ein Stich durchzuckt meinen Körper, und ich schreibe weiter wie gejagt:

»Ich hasste diese Frau! Sie nahm uns Vater weg. Zwischen ihr und Papa entstand ein Verhältnis, doch das konnte er nicht zugeben. Er suchte immer wieder Ausreden. Oft war er bei Michaela. Zuerst trank er auch weniger. Das sah für uns so aus, als ob wir der Grund wären, warum er trank, und diese Frau ihn retten und vor uns schützen würde. Im Geschäft lief es kurze Zeit später eher schlecht. Die Frauen, die Papa einstellte, waren zum Teil unzuverlässig, und so bekam er häufig Ärger und verlor auch manchen Kunden. Er arbeitete selbst wieder mehr – zusammen mit dieser Michaela. Wenn er nach Hause kam, war er überarbeitet, gereizt und müde. Es dauerte nicht lange, bis sich sein Alkoholkonsum sogar verdoppelt hatte. Er kam oft erst nach Mitternacht oder gar nicht mehr nach Hause. Manchmal klingelte es früh am Morgen an der Tür, und ein oder zwei Kollegen brachten Papa die Treppe hoch. Wir schämten uns. Papa war in seinem Zustand nicht einmal mehr fähig, selbst zu laufen oder zu reden. Er war wie ein hilfloses kleines Kind. Mama weinte in dieser Zeit sehr viel. Sie tat mir Leid. Aber wie hätte ich ihr helfen sollen?«

Es wird Tag. Draußen regnet es. Ich beobachte die Bindfäden, die vom Himmel herabkommen.

Es ist düster und trostlos. Um nicht in der Dämmerung und in Trostlosigkeit zu versinken, suche ich nach schönen Erinnerungen aus dieser Zeit. Nach und nach kommt mir eine wertvolle Beziehung in den Sinn, aber da ist noch mehr. Ich versuche, mich nur an das Schöne zu erinnern. Das »noch mehr« will ich nicht wissen, lasse es in der Kammer des Unbewussten.

Meine Hand lässt den Stift wieder über das Papier gleiten …

»Ich ging häufig zu meiner Nachbarin Lydia und verbrachte sogar einen großen Teil meiner Freizeit bei ihr. Sie hatte schon drei erwachsene Söhne und hieß mich bei sich willkommen wie ihre eigene Tochter. Ich fühlte mich bei ihr wohl und geborgen. Lydia nahm mich, wie ich war. Unsere Beziehung wurde ziemlich eng. Ab und zu durfte ich sogar bei ihr übernachten. Meine Mutter hatte nichts dagegen, und mein Vater bekam sowieso kaum mit, was bei Mama und uns drei Kindern geschah. Ich glaube, die Liebe, die ich daheim entbehrte, suchte ich unbewusst bei Lydia – und fand sie auch ein Stück weit. Sie gab mir Zuwendung und Aufmerksamkeit. Ich redete nicht viel, sondern saß am liebsten bei ihr und sah ihr stundenlang bei dem zu, was sie machte, ohne dass ein Wort über meine Lippen kam. Es war ein angenehmes Schweigen und ein Verstehen ohne Worte.

Die Nachbarn hatten viele Obstbäume. Im Herbst half ich ihnen regelmäßig bei der Ernte, beim Sortieren und Entsaften. Das machte mir sehr viel Freude. Ich hatte das Gefühl, gebraucht zu werden, und wurde sogar für meine Arbeit gelobt. Im Stall durfte ich auch helfen und ich liebte diese Arbeit. Ich träumte sogar davon, eines Tages einen Bauern zu heiraten und viele Tiere zu haben. Dann wurden meine Besuche jedoch seltener. Ich war noch ab und zu in den Ferien dort. Im Sommer half ich noch beim Heuen, dann stellte ich die Besuche ganz ein.«

Abrupt drücke ich den Deckel auf den Füller, drücke das Löschpapier auf die frisch beschriebene Seite und schlage das Tagebuch zu. Dann stehe ich so ruckartig auf, dass mein Stuhl mit einem Knall nach hinten kippt.

Ich versuche, die hochkommenden Gedanken und Gefühle zu verdrängen. Ich will sie nicht zulassen. Sie sind zu schrecklich. In meinem Kopf dröhnt es zum Zerreißen. Ich spüre, dass auch die Rückenschmerzen einsetzen.

Ich laufe eine Zeit lang in der Wohnung auf und ab. Dann rufe ich Claudia an und frage, ob ich mit Alex spazieren gehen kann. Sie ist zu Hause und ist sogar froh, wenn ich mit Alex laufe.

Das Laufen und die Luft tun mir gut, doch kaum bin ich wieder in der Wohnung, nehme ich den inneren und äußeren Schmerz erst recht wahr. Im Schlafzimmer suche ich nach meinen Schmerztabletten. Es sind nicht mehr viele. Ich muss mir unbedingt neue verschreiben lassen. Ich schlucke drei auf einmal, um den Schmerz zu dämpfen. Schlaftabletten habe ich keine mehr. Ich habe Angst. Was wird das für eine Nacht werden?

Es ist erst fünf Uhr am Abend. Noch könnte ich beim Arzt anrufen und ein neues Rezept bestellen. Vielleicht schaffe ich es dann sogar noch rechtzeitig zur Apotheke. Ich nehme das Telefon zur Hand.

»Praxis Doktor Jung, guten Tag«, begrüßt mich die Sprechstundenhilfe.

»Guten Tag, hier ist Karin Huber. Ich bin Patientin bei Doktor Jung und wollte nach einem neuen Rezept für Schlaf- und Schmerzmittel fragen.«

»Da muss ich erst den Doktor fragen.« Es dauert meines Erachtens unendlich lange, bis sie wieder am Apparat ist.

»Frau Huber, ich verbinde Sie. Er möchte selbst mit Ihnen sprechen.«

Piep, Piep.

»Doktor Jung«, höre ich die Stimme von meinem Psychiater.

»Guten Tag, hier ist Karin Huber. Ich wollte Sie um ein neues Rezept für Schlaf- und Schmerzmittel bitten«, wiederhole ich mein Anliegen.

»Wofür brauchen Sie denn diese Medikamente?«

»Für das Übliche. Ich habe nach wie vor starke Rückenschmerzen und kann nur sehr schlecht schlafen.« Was sollen diese Fragen, denke ich. Sonst ist es nie ein Problem gewesen, die Mittel zu bekommen.

»Das Beste ist wohl, wenn Sie zuerst noch bei mir persönlich vorbeikommen. Lassen Sie sich doch für nächste Woche einen Termin geben. Ich kann Ihnen nicht einfach am Telefon Tabletten verschreiben. Ich möchte zuerst mit Ihnen sprechen, um Ihre Situation beurteilen zu können.«

Ich schweige.

»Also, Frau Huber, machen Sie's gut! Ich verbinde Sie zurück.«

Piep. Piep.

Mist. Was soll ich diese Nacht machen? Ich ziehe noch einmal die Jacke an und verlasse das Haus Richtung Apotheke. Sie ist noch offen.

»Schmerzmittel? Da haben wir einiges. Haben Sie ein Rezept?«

»Nein.«

Die Apothekerin geht zwischen den Regalen hindurch und sucht mir drei Packungen heraus.

»Es sind alles nur leichte Mittel, da Sie die starken Medikamente gegen Schmerzen nur mit Rezept bekommen.«

»Ich nehme alle drei, weil ich nicht weiß, welches am besten wirkt«, entgegne ich.

»Aber nicht von allen drei Sorten auf einmal! Immer nur eine Sorte nehmen. Sonst könnte es gefährlich werden«, mahnt mich die Frau hinter der Theke.

»Haben Sie auch etwas zum Schlafen? Ich kann seit einiger Zeit nicht mehr richtig schlafen und wache häufig auf.«

Wieder verschwindet sie hinter den Regalen und kommt mit verschiedenen Schachteln und Dosen zurück.

»Das sind auch alles leichte Mittel.« Sie erklärt mir jedes. Ich nehme zwei und noch eine Packung Baldrian dazu.

Mit der vollen Tüte gehe ich wieder nach Hause. Es geht mir ein wenig besser, vielleicht wird die Nacht doch nicht so schlimm, wie ich befürchtet hatte.

Verfolgt

Ich liege im Bett und starre zur Zimmerdecke hoch. Die Mittel wirken nicht. Ich habe von jeder Schlaftablette zwei genommen – vor einer Stunde. Seitdem haben die innere Unruhe und die Angst eher noch zugenommen. Ich fühle mich sitzen gelassen: vom Arzt, von der Apothekerin, von allen. Ich habe das Gefühl, dass man mich nicht ernst nimmt, nicht versteht und mir nicht glaubt. Die Schmerzmittel lassen nach. Die Kopf- und Rückenschmerzen kommen zurück. Die neuen Medikamente werden mir kaum helfen. Ich greife nach den neuen Schlaftabletten und schlucke zwei – von der gleichen Sorte. Plötzlich bekomme ich panische Angst. Todesangst. Da ist auf einmal der Gedanke, dass ich heute Nacht sterben werde. Ich fühle mich verfolgt. Alles dreht sich in mir. Ich könnte schreien.

Ich liege im Bett. Auf einmal merke ich, wie gierige Hände nach mir greifen, mich anfassen und mir die Kleider vom Leib zerren. Ich versuche mich zu wehren, zu schreien. Ich kann nicht. Meine Hände sind wie gelähmt, meine Stimme versagt. Jeder Muskel, jede Sehne ist angespannt, jeder Körperteil schmerzt. Ich weiß nicht, wie viele Hände da sind. Es sind Männerhände. Ich sehe nicht viel. Die Hände kommen aus der Dunkelheit und bearbeiten mich, kneten, berühren meine Haut überall, bemächtigen sich auch der intimen Stellen. Ich will meine Brüste schützen, kneife die Beine zusammen. Die Hände sind stärker. Ich bin nackt. Ich will hier weg. Jetzt legt sich etwas schweres Schwarzes auf mich. Ich kann es nicht erkennen. Es ist wie ein Sack, eine Masse, kein Mensch. Ich kann mich erst recht nicht wehren, bin immer noch stumm. Winde mich, drehe meinen Kopf zur Seite, presse den Mund zu. Ich bin dem ausgeliefert. Bin übermannt. Die Hände kommen wieder.

Plötzlich renne ich. Ich eile durch die Straßen der Stadt, meine Verfolger dicht auf den Fersen. Ich renne nackt, will mich schützen, muss fliehen, renne, wie ich nur kann. Meine Beine sind schwer. Blei ist in meinen Füßen. Ich sehe kaum etwas. Nur verschwommen. Die Hände kommen näher. Ich muss es schaffen. Weg, weg, weg. Wohin? Ich stolpere und falle. Ich falle tief. Hände fangen mich auf. Andere Hände ...

Ich wache auf. Mein Deckbett ist heruntergefallen. Mir ist kalt. Ich bin nicht nackt. Da sind keine Hände. Das Einzige, was ich spüre, sind die Matratze und meine Schmerzen. Ich will nicht mehr schlafen, muss sowieso bald aufstehen und zur Arbeit fahren.

Alles erscheint mir surreal. Innerlich – gefühlsmäßig und gedanklich – bin ich noch im Traum, auf der Flucht vor den Männerhänden. Äußerlich funktioniere ich. Ich ziehe mich an, mache mich mechanisch für die Arbeit bereit. Die Fassade stimmt. Mein Ich schreit lautlos. Meine Augen schauen ins Leere. Innerlich weine ich. Ich fühle mich zerrissen, ausgelaugt, leer, unendlich müde – tot.

Bei der Arbeit in der Konditorei bin ich ganz still. Tue meine Pflicht. Produziere die Torten nacheinander, wie am

Fließband. Eine nach der anderen. In Gedanken bin ich weit weg. Plötzlich steht mein Chef neben mir.

»Hey, seit wann verzieren wir Schwarzwälder Kirschtorte mit Marzipanschweinen? Das ist schon die zweite Torte, die du so machst. Spinnst du? Welche Schweinereien schwirren in deinem Kopf herum?«, schnauzt er mich an und kommt mir beängstigend nahe.

Ich murmle »Entschuldigung« und spüre, wie mein Gesicht ganz rot wird. Am liebsten möchte ich im Erdboden versinken.

»Du wirst deine Fehler sofort rückgängig machen, und wenn diese beiden Torten nicht verkauft werden, stehst du dafür gerade – das wird dir vom Lohn abgezogen«, brüllt er mich an. Wütend verschwindet er im Nebenraum. Zum ersten Mal ist mir aufgefallen, dass auch er eine Alkoholfahne hat. Igitt. Auch er ist ein Mann, dem ich im Grunde genommen ausgeliefert bin.

Ich schäme mich für meinen Fehler. Tränen strömen mir übers Gesicht. Ich versuche, mir nichts anmerken zu lassen und lautlos zu weinen. Ich verlasse den Raum und gehe zu den Toiletten, wo ich mein Gesicht notdürftig wasche.

Wenig später stehe ich wieder vor den Torten und versuche vorsichtig, meine Fehler zu korrigieren. Gar nicht so einfach. Die Stellen, auf denen die Schweine saßen, sind eingedrückt. Kein schöner Anblick. Ich fülle die Löcher mit Schlagsahne aus und setze dann eine Kirsche nach der anderen auf das Sahnehäubchen. Geschafft.

»Nicht schlecht«, denke ich und warte auf den Chef.

Völlig erledigt komme ich am Mittag nach Hause. Ich gehe gleich ins Bett und schlafe bis zum späten Abend. Dann wieder zur Arbeit. Tagsüber kann ich besser schlafen als in der Nacht. Darum machen mir die Nachtschichten weniger aus.

So geht es die ganze Woche lang. Ich versuche, gleich nach der Arbeit in den Schlaf zu flüchten, denn am Tag habe ich kaum Albträume. In der dritten Nacht läuft die Arbeit wie am Schnürchen. Ich bin nicht mehr geistesabwesend, nicht mehr abgelenkt durch irgendwelche Gefühle oder Horrorvorstellungen. Ich habe mich wieder voll im Griff. Das tut gut. Die Vergangenheit ist unterdrückt, abgeschlossen, weggedrängt, erledigt. So kann ich besser leben. Alles funktioniert. Ich funktioniere.

Den nächsten Termin bei Frau Seifert schiebe ich weit vor mir her, vor allem auch die Angst, mit den schmerzhaften Wunden meiner Seele konfrontiert zu werden.

Wenige Tage später arbeite ich tagsüber. Die Konditorei gehört zu einem Hotel, dem auch ein Restaurant beziehungsweise eine Wirtsstube angeschlossen ist. Ich stelle nicht nur Torten her, sondern bediene auch von Zeit zu Zeit im Café oder bringe die fertigen Torten, Pralinen oder sonstigen Leckereien ins Café.

Heute ist besonders viel los. Mitten im Stress spricht mich auf einmal ein Mann um die fünfzig an. Er versucht mich in ein Gespräch zu verwickeln, doch ich blocke ihn ab und entschuldige mich mit den Worten, ich hätte noch viel zu tun. Ich muss noch ein paar Kisten Bestellungen ausliefern. Als ich jedoch im Lieferwagen sitze, springt dieser nicht an. Ich versuche alles Mögliche. Keine Chance. Auch nachdem drei weitere Personen und selbst der Chef nachgeschaut und probiert haben, macht der Karren keinen Mucks. Da kommt der Mann von vorhin und geht zu den geparkten Autos. Als er merkt, dass wir ziemlich ratlos dastehen, kommt er auf uns zu und fragt, ob er irgendwie helfen könnte. Der Chef schildert ihm die Situation. Er ist mit dem Mann sogar per Du.

»Kein Problem«, sagt Kurt, so heißt der Mann. »Ich fahre die junge Lady mitsamt den Leckereien zu den Kunden, falls das nicht gegen die Regeln ist.«

Mein Chef ist sofort einverstanden. Ich werde erst gar nicht nach meiner Meinung gefragt. Ich habe nicht die geringste Lust, mit einem Typ wie diesem die Bestellungen auszuliefern. Er hingegen scheint umso größere Lust zu haben. Schon hilft er den anderen, die Kisten in sein Auto umzuladen. Sie haben gerade so Platz. Ich stehe immer noch ratlos da.

»Beweg deinen Hintern, Fräulein«, zischt mir der Chef zu. »Kannst froh sein, dass es heutzutage noch hilfsbereite Menschen gibt.« Er gibt mir einen leichten Schubs. Mir bleibt nichts anderes übrig, als einzusteigen.

Besagter Kurt, eigentlich Herr Schäfer, bietet mir gleich das Du an. Er hat mich schon vorhin im Café geduzt. Ich rede kaum ein Wort, er dafür umso mehr. Sobald er bei der nächsten Adresse hält, springe ich aus dem Wagen, hole die Ware und tue meine Pflicht.

Kurt erzählt mir von seinen Hobbys, dass er ein Cabriolet hat, und ob ich auch gerne Auto fahren würde. Nachdem ich bejaht habe, lädt er mich zu einer Fahrt in seinem Cabriolet ein.

»Natürlich erst, wenn die Sonne wieder scheint und es wärmer ist, dann macht es viel mehr Spaß. Wir könnten eine Sonntagsfahrt machen. Wir beide alleine.« Seine Stimme klingt auf einmal seltsam belegt. Mir wird komisch. Er lehnt sich zu mir herüber. Ich rieche seinen Atem. Alkohol. Mir wird schlecht. Ich versuche ihm auszuweichen.

Während der ganzen Fahrt bleibe ich ziemlich wortkarg, mache ab und zu »mh«, um ihn nicht völlig zu ignorieren, gehe aber auf sein Angebot mit der Ausfahrt nicht ein, obwohl er mehrmals davon spricht.

Endlich sind alle Lieferungen erledigt. Endlich bin ich wieder zurück und bald darauf zu Hause.

Am Abend läutet das Telefon.

»Hallo Karin, hier ist Kurt«, raunt mir eine bekannte Stimme entgegen.

»Hallo, was gibt's?« Ich warte misstrauisch.

»Ich wollte dir nur noch sagen, dass mir die Ausfahrt mit dir heute sehr gefallen hat. War doch ein guter Anfang, meinst du nicht auch?«

»Kann schon sein. Danke nochmals für die Hilfe. Noch einen schönen Abend.« Ich versuche, das Gespräch so schnell wie möglich zu beenden, möchte aber auch nicht allzu unhöflich sein – schließlich kennt er meinen Chef gut, ist sogar per Du mit ihm. Das Arbeitsverhältnis will ich nicht noch verschlimmern.

An diesem Abend schlucke ich drei von den »leichten« Schlaftabletten. Morgen ist der Termin bei Doktor Jung. Ich habe keine Lust, dorthin zu gehen, brauche aber die stärkeren Medikamente. Die Nacht wird unruhig.

Ich fahre mit dem Fahrrad. Es ist dunkel. Nacht. Ich sehe kaum etwas. Mir ist mulmig zumute. So schnell wie möglich möchte ich nach Hause. Ich fahre schneller. Hinter mir fährt ein Auto. Es überholt nicht, sondern bleibt dicht hinter mir. Was will der?, denke ich. Mein Herz klopft zum Zerspringen. Jetzt fährt das Auto neben mir. Es ist ein Cabriolet. Ein Mann sitzt darin und fragt mich, ob ich mitfahren will. Er möchte mit mir eine Ausfahrt machen oder in einem Pub etwas trinken. Ich lehne ab. Da erkenne ich den Mann. Es ist Kurt. Ich fahre, so schnell ich kann, weiter. Ich habe panische Angst.

Wenig später liege ich im Bett und schlafe. Plötzlich höre ich Geräusche an meinem Fenster. Ich schaue hinaus. Da schaut ei-ne maskierte Gestalt herein und versucht, hereinzukommen. Er schafft es nicht. Ich kann nicht erkennen, wer es ist. Kurt?

Ich erwache schweißgebadet und noch immer zitternd. Im Innersten weiß ich: Ich muss NEIN sagen!

Er sitzt hinter seinem dicken Schreibtisch, lehnt sich vor, stützt sich mit den Ellbogen auf das Pult und schaut mich über seine Brillenränder an.

»Und?«

»Was und?« Ich schaue ihn leicht irritiert an.

»Wo liegt unser Problem?«

»Ich kann schlecht schlafen, habe viele Albträume, die Schmerzen machen mich fast rasend. Ich hätte gerne neue Schlaf- und Schmerzmittel«, entgegne ich leicht genervt.

»Hm«, er macht sich ein paar Notizen. »Und wie sieht es mit unserer Stimmung aus?«

»Es geht auf und ab. Meistens leicht traurig. Manchmal kommt mir alles sinnlos vor.«

»Machen wir da gerade eine Depression durch?« Wieder wandert sein Blick über die Brillenränder. Sieht etwas dümmlich aus, finde ich. Warum spricht er überhaupt in der Mehrzahl? Hat er auch Depressionen? Oder behandelt er mich, als wäre ich dumm oder nicht ganz zurechnungsfähig?

»Ich weiß es nicht.« Ich will doch nur die Medikamente. Mehr nicht. Gespräche habe ich bei Frau Seifert. Das stresst mich schon genug.

Doktor Jung versucht noch, mit verschiedenen Fragen an mein Inneres zu kommen, doch vergeblich. Ich lasse es nicht zu.

»Hm. Ich schreibe etwas auf, das sehr wahrscheinlich für alles hilft: damit wir besser schlafen können und damit wir keine Schmerzen mehr haben. Wenn das obere nichts nützt, schreibe ich als Reserve noch ein anderes Mittel auf. Sind wir jetzt zufrieden?«

»Das kann ich erst beurteilen, wenn es wirklich hilft.«

Ich seufze erleichtert auf, als ich wieder draußen stehe. Jeder Besuch bei diesem Arzt ist für mich ein Horror. Aber ich habe immerhin ein Rezept. Damit gehe ich gleich zur Apotheke, lasse mir beide Mittel geben und gehe dann nach Hause.

Während des Abendessens lese ich mir die Packungsbeilage durch.

Anwendungsbereiche: Depressionen, Angstzustände, Neurosen ... chronische Schmerzen ...

Nebenwirkungen: Übelkeit, Müdigkeit, Atembeschwerden ...

Hat mir dieser Arzt doch tatsächlich ein Psychopharmakon beziehungsweise ein Antidepressivum verschrieben, was ich eigentlich nicht mehr wollte, nachdem ich schon ein paar Jahre lang derartige Mittel geschluckt habe.

Am liebsten würde ich alles wegwerfen und bleiben lassen und so lange den Arzt wechseln, bis ich einen gefunden habe, der mir meine Mittel verschreibt. Endlich entschließe ich mich dazu, es mit den neuen Medikamenten wenigstens zu probieren. Ich kann sie ja jederzeit wieder absetzen, denke ich. Ich solle die Tabletten drei Wochen lang nehmen, erst dann könne ich eine Wirkung feststellen, so hat mir der Doktor geraten.

Ich schlucke in den nächsten Tagen meine Tabletten. Die Verstimmung bleibt. Die Sinnlosigkeit nimmt zu. Die Müdigkeit auch. Mein Kreislauf spinnt. Die Nebenwirkungen merke ich schon am zweiten Tag. Ich versuche durchzuhalten.

Morgen habe ich wieder ein Treffen mit Frau Seifert. Ich habe gemischte Gefühle; möchte am liebsten absagen, getraue mich aber nicht. Ich nehme mir vor, ihr nichts von dem zu erzählen, was im Bus passiert ist, auch nicht die Geschichte von damals – erst recht nichts von Kurt. Ich werde ihr sagen, dass mir der Psychiater ein Antidepressivum verschrieben hat, dass ich schlecht schlafe und alles als sinnlos empfinde.

Vielleicht können wir auch weiter über die Vergangenheit plaudern. Auf keinen Fall will ich jedoch zu tief bohren.

Ich beginne zu schreiben und schon einmal vorzusondieren, was ich morgen preisgeben werde.

Lieber Lukas,

nun kennst du mich schon ein wenig besser, sowohl Abschnitte aus meiner Kindheit als auch aus der jüngsten Vergangenheit. Vieles ist seither geschehen, hat sich verändert, vielleicht nicht sichtbar, aber in mir selbst, in meinen Einstellungen, Gedanken, auch in meinem Verhalten.

Dazu ein kleines Beispiel:

Seit drei Monaten arbeite ich ja nun als Pflegerin in dem Alters- und Pflegeheim. Es ist etwas ganz anderes als in der Backstube zu stehen. Ich habe meine Kündigung beziehungsweise meine Entscheidung, die Stelle und auch die Berufsrichtung zu ändern, bis jetzt noch nicht bereut – im Gegenteil! Ich bin so froh, dass ich nun in einem sozialen Beruf arbeiten kann, der mit Menschen zu tun hat – nicht mehr mit Teig und mit Chefs, wie ich sie bisher hatte. Es ist natürlich nicht jedermanns Sache, hilfsbedürftige Menschen zu pflegen, zu waschen, ihnen beim Anziehen zu helfen, sie auf die Toilette zu begleiten oder ihnen die Bettpfanne unterzuschieben und ihnen den Hintern zu putzen. Natürlich gibt es auch schönere Arbeiten wie zum Beispiel das Essen verteilen, den Menschen beim Essen helfen, sie füttern, mit ihnen spazieren gehen oder reden. Ich hätte früher große Mühe gehabt, Männer zu waschen und zu pflegen, weil einfach der Ekel zu groß gewesen wäre. Inzwischen macht es mir nichts mehr aus. Wenn ich merke, dass mir jemand zu nahe kommen will, gehe ich auf Distanz, im schlimmsten Fall bitte ich die Stationsleiterin, mir ein anderes Zimmer zuzuteilen.

Wenn ich die alten Leute beobachte, dann wundere ich mich oft, wie verschieden sie in ihrer Lebenseinstellung sind. Manche sind verbittert. Das sieht man schon von weitem. Sie meckern wegen jeder Kleinigkeit. Nichts kann man ihnen recht machen. Andere jammern den ganzen Tag lang über Schmerzen und brauchen ein Medikament nach dem anderen. Diese Patienten kosten viele Nerven und brauchen Geduld.

Dann gibt es aber auch sehr dankbare Patienten. Sie freuen sich, wenn man am Morgen ins Zimmer kommt, haben gute Laune, sind dankbar für jeden Dienst, den man ihnen tut, und zeigen das auch. Manche haben eine beeindruckende Ausstrahlung, obwohl sie immer Schmerzen haben oder kaum noch etwas machen können. Sie strahlen Frieden und Gelassenheit aus und scheinen ein glückliches Leben hinter sich zu haben. Doch wenn man genauer hinschaut oder fragt, ist das nicht unbedingt der Fall. Da gibt es alte Leute, die in ihrem Leben alles hatten und doch griesgrämig sind. Andere haben viel Schweres erlebt oder waren immer arm, doch sie geben der Freude Raum.

Das macht mich ziemlich nachdenklich und ich glaube, dass ich von diesen Menschen lernen kann. Wenn ich einmal alt bin, dann möchte ich auf mein Leben zurückblicken können, ohne dass ich von Bitterkeit oder Hass gelenkt werde. Ich will die Schmerzen der Vergangenheit nicht ein Leben lang mit mir herumschleppen. Es ist für mich mit ein Grund, das Wertvolle zu sehen, das ich im Leben habe. Das ist ermutigend. Wenn ich auf das Negative ausgerichtet bin, dann zieht mich das herunter.

Etwas Positives ist unter anderem die Freundschaft mit dir. Nun sind wir bald zwei Jahre lang befreundet. So eine Beziehung wie mit dir hatte ich noch nie zu einem Mann. Ich genieße die Zeiten und Gespräche mit dir, auch deine Umarmungen. Ich merke auch, dass du versuchst, mich zu verstehen, und das hilft mir.

Ich möchte dir an dieser Stelle sagen, dass mir unsere Freundschaft sehr wichtig ist und mir viel bedeutet. In unserer Beziehung habe ich schon eine Menge gelernt oder besser gesagt: lernen müssen ...

Im letzten Brief habe ich ja angedeutet, dass ich anderen viel zu viel von mir gab, in der Hoffnung Geborgenheit zu bekommen, dass ich dabei jedoch leer ausging. Du fragtest mich, was ich damit meinte, und das will ich dir jetzt erklären. Damit öffne ich dir ein weiteres Kapitel meines Lebens – für mich eines der schmerzhaftesten: Männer.

Ich habe nie gelernt, klar und deutlich NEIN zu sagen, Grenzen zu setzen oder mich wirkungsvoll zu wehren. So kam es, dass ich von Männern Berührungen zuließ, die ich gar nicht wollte. Ich ließ mich zum Objekt machen und wie ein Flittchen behandeln, wurde zu einer

Marionette, die gelenkt und mit der gespielt wurde – ohne eigenen Willen beziehungsweise ohne diesen deutlich zu äußern.

Von Männern habe ich allzu oft erlebt, dass sie mich ausnutzen und missbrauchen, seien es Männer am Arbeitsplatz, Verwandte, Freunde oder Partner von Freundinnen. In diesem Zusammenhang hat mich auch die Schuldfrage beschäftigt. Immer wieder dachte ich, ich sei selbst schuld an dem, was passiert, was mir Kommentare von anderen zum Teil bestätigten. Vielleicht hat mein Verhalten in anderen die Meinung geweckt, man könne alles mit mir machen. Doch das gibt niemandem das Recht, es auch zu tun. Ich habe immer wieder einen hohen Preis bezahlt, indem ich meine körperlichen und sexuellen Grenzen überschreiten ließ. Andererseits ließ ich all diese Dinge zu, um nicht abgelehnt zu werden, um keinen schlimmeren Konflikt heraufzubeschwören. Meine Angst vor Disharmonie lähmte mich, und die Scheinharmonie kostete mich sehr viel.

Inzwischen will ich nicht mehr mit allen und jedem Harmonie. Wichtig ist mir, eine gute Beziehung zu den Menschen zu haben, die mir nahe stehen, aber selbst hier gilt es, Grenzen zu setzen und die Grenzen der anderen zu akzeptieren, die sie mir signalisieren.

Ich habe lange Zeit nicht geglaubt, dass es auch Männer gibt, die nicht nur Sex im Kopf haben, doch inzwischen kann ich es glauben, nachdem ich dich besser kenne und dich als rücksichtsvoll erlebt habe – nicht nur eine Woche, sondern fast zwei Jahre lang. Es hat mich von Anfang an viel Mut gekostet, mich auf eine Beziehung mit dir einzulassen, aber deine Geduld und Treue, deine Rücksichtnahme und das Verständnis, das du für mich aufgebracht hast, haben mich schließlich überzeugt. Jetzt vertraue ich dir, und ich habe noch nicht erlebt, dass du dieses Vertrauen missbraucht hättest. Das ist eine wertvolle und heilende Erfahrung für mich.

Durch die Freundschaft mit dir wurde mein Männerbild verändert. Lange Zeit hat der Männerhass viel Raum in mir eingenommen, und ich ließ ihm Raum, ich nährte ihn und nach jedem weiteren Negativerlebnis wurde er größer. Ja, und dann bist du in mein Leben gekommen, auch ein Mann. Auf einmal war ich gezwungen, mich mit dem Bild, das ich von allen Männern hatte, auseinander zu setzen, was ich nun monatelang getan habe. Durch dich habe ich gelernt, dass es nicht nur die eine Sorte Männer gibt, sondern ganz verschiedene. Ich will Männer nicht mehr pauschal verurteilen, sondern mir erst eine Meinung bilden, nachdem ich sie kennen gelernt habe. Du bist ein gutes Beispiel für einen Mann, der anders ist.

Ich habe mich in den letzten Jahren intensiv mit dem Thema Missbrauch in meinem Leben auseinander gesetzt. Du hast ja einiges davon mitbekommen, hast aber nie nachgebohrt oder mich gezwungen, dir alles zu sagen. Danke, dass du mich nicht gedrängt hast. Ich merke aber, dass es jetzt an der Zeit ist, dir dieses Kapitel zu erzählen. Ich versuche, ganz offen zu sein und nichts zu beschönigen, aber ich will dir gleich sagen, dass die Männer, mit denen ich näher zu tun hatte, in meinem Bericht keineswegs gut wegkommen werden. Inzwischen kann ich das, was passiert ist, so stehen lassen. Es sind Tatsachen. Und doch will ich nicht, dass das Vergangene mein Jetzt beherrscht.

Inzwischen habe ich ja noch andere Männer außer dir kennen gelernt: in der Gemeinde, im Freundeskreis.

Und ich muss sagen: Jetzt ist es mir möglich, sie aus einem anderen Blickwinkel zu betrachten und ihnen eine Chance zu geben, sich zu zeigen, wie sie sind. Ich mache nicht mehr gleich die gedankliche »Sexschublade« auf, um sie dort hineinzustecken, bevor sie auch nur ein Wort gesagt haben. Ich schätze deine Kollegen. Ich habe auch Freude, mit anderen Männern zu reden, zu diskutieren oder auch zusammen etwas zu unternehmen.

Mühe habe ich allerdings damit, wenn ein Mann einen Bierbauch hat und mir so nahe kommt, dass ich seine Alkoholfahne rieche. Damit kann ich nicht gut umgehen, weil die Vergangenheit wohl noch zu stark ins Jetzt hineinwirkt. Da brauche ich Zeit.

Ich habe Gott immer wieder gefragt, warum er all die schwierigen Ereignisse in meinem Leben zugelassen hat und warum all das ausgerechnet mir geschehen ist. Ich habe ihn angeklagt und hatte zum Teil eine richtige Wut auf ihn, aber es tat mir gut, diesem Schmerz und dieser »Ent-Täuschung« von Gott Ausdruck zu geben. So konnte ich ihn auch als den ganz anderen kennen lernen. Ich habe gelernt, vor Gott auszudrücken, was in mir vorgeht, habe ihm oft in meinem Tagebuch geschrieben und das in Worte gefasst, was ich nicht sagen konnte. Manchmal verstehe ich Gott immer noch nicht, aber ich werde ihn wohl nie ganz erfassen können. Gott ist größer als mein Denken und meine Vorstellung. Dieser Gott zeigt mir meine Grenzen auch in Bezug auf ihn. Das hilft mir, meine anderen Grenzen, zum Beispiel die körperlichen, kräftemäßigen wahrzunehmen – und mitzuteilen.

Mit Gottes Wort – der Bibel – hatte ich phasenweise auch ziemlich Mühe, vor allem, was Geschichten betrifft, in denen Gewalt gegen Frauen vorkommt. Ich habe immer noch Fragen. Andererseits bin ich froh, dass diese Situationen aufgeschrieben sind und nicht unter den Teppich gekehrt wurden.

Umso wertvoller sind mir viele Psalmen geworden, in denen Menschen Gott ihr Leid klagen, Unrecht beim Namen nennen, Gott um Hilfe bitten und so lange ihr Inneres in Worte fassen, bis sie an einen Wendepunkt gelangen. Auf einmal beginnen sie, Gott zu loben und zu preisen. Die Beter finden zu einem inneren Frieden, zu Gelassenheit. Sie können sich und ihre Situation – selbst Rachegedanken und ihre Feinde – loslassen und Gott überlassen. Das will ich auch: all die Menschen, die mir so wehgetan haben, Stück für Stück loslassen und Gott überlassen, damit ich selbst auch frei von ihnen bin, damit sie mich nicht mehr verfolgen können.

Die Sache mit den Männern ...

Lukas, danke für dein Verständnis für mich. Danke, dass ich bei dir Grenzen setzen und lernen darf zu sagen, was ich will. Danke, dass du mir die Zeit lässt, die ich brauche. Dass ich das bis jetzt so mit dir erlebt habe, macht unsere Beziehung für mich noch wertvoller. Dank dir musste ich mich endlich bewusster mit meinen Negativerlebnissen in Bezug auf Männer, mit meinem Körper, mit dem Thema Sexualität auseinander setzen. Ich wurde auch herausgefordert, neu damit umzugehen, wenn du mich berühren wolltest, weil du mich gern hast. Das war nicht immer leicht, aber inzwischen genieße ich deine Umarmungen und kann mich auch endlich entspannen, wenn ich in deinen Armen liege, ohne ständig Angst zu haben, welche Grenzen du wohl als Nächstes überschreiten wirst. Du hast mir – abgesehen von Gott – geholfen, eine neue Sicht von

Beziehung, Körper und Liebe zu bekommen und mein Leben zu meistern, gerade auch in Bezug auf Männer.

Aber nun nehme ich dich gedanklich an der Hand und gehe mit dir den schmerzhaften Weg zurück, vielleicht auch als weiteren Schritt in meiner Heilung ...

Deine Karin

Dunkle Erinnerungen

Noch vor meinem Termin bei Frau Seifert schreibe ich weiter an meinen Erinnerungen – mehr Allgemeines und Positives aus meiner Kindheit. Das Schlechte versuche ich links liegen zu lassen. Ich will meine wahren Gefühle überspielen. So ganz gelingt es mir aber nicht, denn sobald ich positiv beginne, enden meine Ausführungen mit einer Enttäuschung, mit Ängsten oder Traurigkeit.

»Ich war in der Schule sehr schlecht. Meine schulischen Leistungen ließen zunehmend zu wünschen übrig. Selbst meinen Eltern fiel das auf. Eines Tages teilte mir der Lehrer mit, dass er mich in die Sonderschule schicken wollte. Ich bekam riesige Angst und getraute mich nicht, meinen Eltern davon zu erzählen. Aber er hatte schon einen Brief an sie abgeschickt, in dem er ihnen die Sonderschule für mich vorschlug. Meine Eltern fielen aus allen Wolken und es gab einige Wochen lang noch mehr Streit als ohnehin schon. Ich weinte in dieser Zeit sehr viel und hatte wahnsinnige Angst. Ich musste auch immer wieder in die Großstadt fahren, wo ein Spezialist abklärte, ob etwas mit mir nicht stimmte. Die Ergebnisse habe ich nie erfahren. Von da an musste ich den Nachhilfeunterricht besuchen, um an meinen sprachlichen Schwächen zu arbeiten. Diese Stunden gefielen mir. Die Lehrerin war nett, und bei ihr wurden meine Leistungen im sprachlichen Bereich erheblich besser. Ich fühlte mich von ihr akzeptiert und verstanden und hatte so auch weniger Blockaden und Angst zu versagen. Sie lud mich zu Bastelnachmittagen oder manchmal sogar zum Essen zu sich ein. Das waren Höhepunkte in meinem Alltag. Wenn ich eine Lehrerin oder einen Lehrer besonders mochte, schrieb ich ihnen manchmal Briefe, um ihnen zu sagen, wie sehr ich sie mochte. Persönlich hätte ich es nie gewagt, ihnen das zu sagen. Doch von den Lehrern kam nie eine Reaktion zurück, was mich verunsicherte. Nach einiger Zeit schrieb ich keine Briefe mehr. Es war mir peinlich.« Gedankenverloren drehe ich mit meiner linken Hand an einer Haarsträhne. Dann kritzelt meine rechte Hand weiter:

»Zu meinem Glück war die Sonderschule voll, so dass ich keinen Platz mehr bekam. Ich durfte in der normalen Schule bleiben. Ich strengte mich von da an ganz besonders an, aber in vielen Fächern blieben meine Noten im Keller, besonders in Mathematik.«

Schon wieder schreibe ich Negatives. Wieso komme ich immer wieder auf die traurigen Ereignisse zu sprechen? Oder ist mein ganzes Leben bis jetzt eine einzige Tragödie? Da fällt mir mein ehemaliger Jungscharleiter ein, und während ich an ihn denke, muss ich schmunzeln.

»Ich ging regelmäßig zur Jungschar. Ein Leiter war irgendwie besonders und ich mochte ihn gerne. Er hatte Humor und lachte viel. Durch seine Späße konnte ich manchmal sogar das Elend daheim ein wenig vergessen. Bei ihm fühlte ich mich geborgen und geschützt, aber ich sagte kaum etwas. Meistens saß ich schweigend dort und sog jeden Programmpunkt gierig in mich auf wie ein ausgetrockneter Schwamm. Wenn ich etwas gefragt wurde, lief ich rot an, konnte aber kein Wort sagen. Die anderen Kinder kicherten hinter meinem Rücken – auch hier. Mein Verhalten wurde immer seltsamer. Ich bekam Schweißausbrüche, wenn ich nur in der Nähe von anderen Kindern war. Ich merkte, dass sie heimlich über mich redeten, dass sie nicht mit mir zusammen sein wollten. Ich war völlig verklemmt und hatte schon vorher Angst, dass ich etwas gefragt werden könnte. Die Probleme zu Hause belasteten mich sehr, aber die Leiter schienen nichts zu merken oder wollten nicht merken, dass es mir nicht gut ging und ich viele Sorgen und Ängste hatte. Mein Lieblingsleiter fragte mich zwar einmal, ob mit mir alles in Ordnung sei, doch ich zuckte nur mit den Schultern und hatte Angst, etwas zu sagen. Ich wurde immer schüchterner. Da mein Bruder auch in die Jungschar ging, suchte ich ein Stück weit Halt bei ihm. In seiner Nähe fühlte ich mich sicherer. Doch je älter er wurde, umso weniger ertrug er meine Nähe. Ich sei wie eine Klette und solle ihn gefälligst in Ruhe lassen, sagte er. Da ich große Angst vor den anderen Kindern hatte, wurden mit der Zeit auch die Jungscharbesuche zur Qual. Ich ging nur noch alle zwei Wochen hin – meiner Mutter zuliebe.«

Gab es überhaupt einen Ort, an dem ich mich früher richtig wohl gefühlt hatte? Nein, eigentlich nicht, außer bei Familien mit kleinen Kindern.

»Als ich zehn Jahre alt war, ging ich am liebsten zu einer Familie aus dem Dorf, die Nachwuchs bekommen hatte. Simon war ein goldiges Baby, das mich in seinen Bann zog. Täglich half ich mit, den Bub zu versorgen. Ich ging lange mit ihm spazieren. Ich durfte ihn wickeln, füttern und herumtragen. Mit der Zeit merkte ich jedoch, dass es in dieser Familie auch viele Probleme und Spannungen gab. Die häufigen Streitereien konnte ich mit der Zeit nicht mehr ertragen. Als Simon älter und auch frecher wurde, ließ er nicht mehr alles mit sich machen. Er wehrte sich, sagte Nein, und ich hatte manchmal Mühe, ihn zu bändigen. Ich hatte das Gefühl, dass er nicht mehr auf mich angewiesen war, und so stellte ich meine Besuche ein. Ich suchte mir wieder eine andere Familie.«

Traurig denke ich zurück. Wenn ich mein Leben erzähle, sind das überwiegend Geschichten von Ablehnung, neuen Hoffnungen, die zerstört wurden, Ängsten, Alleinsein. Ich habe viele Prüfungen nicht bestanden. Das, was ich wirklich machen wollte, klappte nicht. Ich versuchte die Aufnahmeprüfung für eine Lehre bei der Post, im Verkauf und schließlich noch für den Pflegebereich. Nichts. Ich fühlte mich richtig dumm. Als ich dann die Lehre als Bäckerin begann, hatte ich täglich Angst. Jeder Tag wurde zum Horror, und ich war immer froh, wenn ich ihn überstanden hatte. Ich zweifelte immer wieder an mir selbst, ob ich überhaupt für diesen Beruf fähig sein würde. Auch während der Berufsschulzeit ging es mir schlecht. Ich konnte kaum schlafen, musste ständig weinen. Vieles ist heute noch so oder es kommt immer wieder – schubweise. Es ist nicht so einfach, mich in diesen Momenten nicht als Versagerin zu sehen.

Tränen laufen mir über die Wangen und tropfen auf das Papier. Die frische Tinte verschwimmt und hinterlässt hässliche Spuren. Einige Worte werden unleserlich – wie bestimmte Bereiche meines Lebens, denke ich: verschwommen, verborgen, unverständlich, unerklärlich.

»Gott, wo bist du?«, schreibe ich als letzten Satz unter den verschmierten Text und schließe mein nächstes Kapitel.

Ich laufe durch den Wald und sauge die frische Luft tief in mich ein, wie ein hungriges Kind. Alex, der Hund, folgt mir aufs Wort. Er lässt sich von mir streicheln, kommt schwanzwedelnd auf mich zu, springt wieder voraus und wartet, bis ich nachkomme. Eine treue Seele, so ein Hund. Ich lasse meine Gedanken »lüften«, lasse die Seele baumeln und versuche, ganz abzuschalten. Das traurige Gefühl verursacht bei mir noch einen starken Druck auf der Brust, aber sonst fühle ich mich freier. Ich fühle mich für das nächste Gespräch bei Frau Seifert gestärkt.

Als ich zu ihr komme, ist der ganze Boden mit Zeitungspapier ausgelegt. In der Mitte liegt ein großes weißes Blatt. Rundherum stehen Farben.

»Heute möchte ich, dass Sie versuchen zu malen.«

»Ich kann nicht malen!«, will ich abwehren.

»Es geht nicht ums Können. Sie müssen kein Bild malen. Es geht darum, Farben aufs Papier zu bringen, Ihre Stimmung auszudrücken. Sie können auch an etwas Bestimmtes denken und dann malen, was Sie sehen oder empfinden. Sie können einen Wunsch malen. Es kommt nicht darauf an, was als Ergebnis herauskommt. Der Malprozess ist wichtiger. Wählen Sie Farben und Pinsel. Versuchen Sie es!« Frau Seifert schaut mich ermutigend an. Ich lächle unbeholfen.

Da stehe ich vor dem weißen Blatt, vor den Farben und Pinseln. Mein Inneres ist leer wie das Blatt. Ich fühle mich überfordert.

»Ich fühle mich überfordert!« Ich schaue zu Frau Seifert hin.

»Es ist gut, dass Sie mir das sagen. Ich verstehe das Chaos, das jetzt in Ihnen herrscht, aber versuchen Sie es. Stellen Sie sich vor, Sie wären ein kleines Kind, das mit den Farben drauflosklеckern kann. Malen Sie wie ein kleines Kind, ohne groß zu denken. Ist es eine Hilfe, wenn ich den Raum verlasse?«

Ich stehe unschlüssig da. Schließlich sage ich leise: »Ja.«

Frau Seifert geht, lässt mir eine Viertelstunde Zeit, dann will sie wieder nach mir schauen.

Jetzt fühle ich mich freier. Wenigstens schaut mir niemand zu. Malen war noch nie meine Stärke.

Ich nehme einen dicken Pinsel und schaue mir die Farben nacheinander an. Ich möchte Violett, greife aber automatisch nach der schwarzen Farbe. Wieso? Dick trage ich die Farbe auf das Blatt Papier. Es ist stabil. Fast Karton. Ich will ein Schiff malen und male einen Stall – wieso einen Stall? Ich pinsele weiter, dann sehe ich meine Striche und Kleckse an. Ich stelle mich hin und starre von oben auf das schwarze Etwas. Ich bekomme Schweißausbrüche. Mir wird schwindelig. Ich verliere den Boden unter den Füßen und lege mich auf den Teppich. Es wird besser.

Ich schaue wieder zu den Farben. Rot. Mit einem dünneren Pinsel trage ich die Farbe auf. Ich male eine rote Gestalt. Vielleicht einen Menschen, vielleicht ein Etwas, vielleicht mich selbst. Ich greife zur braunen Farbe, mische sie mit der schwarzen und male eine ähnliche Gestalt, viel größer, mit übergroßen Händen, direkt neben die rote. Dann einen roten Querbalken, der beide an der unteren Hälfte verbindet.

Ich stelle mich wieder hin und schaue mein Werk an. Mein Puls rast; mein Atem geht hastig. Das Bild macht mir Angst. Aus der Ferne kommt ein dunkles Etwas näher, eine dunkle Erinnerung. Ich versuche sie abzuwehren, aber sie überrollt mich.

Ich stelle mich hin und schaue meine Arbeit an. Alle Kühe haben Futter und fressen zufrieden. Der Stall ist auch schon ausgemistet. Fertig für heute. Es hat Spaß gemacht. Ich schaue den Tieren eine Weile beim Fressen zu. Da packen mich auf einmal zwei große Hände von hinten. Es ist der älteste Sohn von Lydia. Martin fasst mich ganz fest an. Ich kann mich nicht wehren. Er ist fast zehn Jahre älter und viel stärker als ich. Er macht mir Angst. Sein Blick verrät nichts Gutes. Mit rauer Stimme befiehlt er mir: »Zieh deine Hosen runter.« Ich mache mich zögernd an meiner

Hose zu schaffen. »Schneller!« Sie ist unten. »Die auch!« Er zeigt auf meine Unterhose. Ich will nicht. Da packt er mich mit der einen Hand und zieht mit der anderen meine letzte Hülle nach unten. Er bedroht mich: »Du wirst niemandem auch nur ein Sterbenswörtchen erzählen, sonst wirst du mich erst richtig kennen lernen!« Ich habe Angst und zittere. Jetzt ändert sich seine Stimme. Sie wird schleimig-süßlich. Aus lauter Angst, er könnte mir etwas antun, gehorche ich ihm und tue, was er sagt. Ich stehe unbeweglich da. Es ist wie in einem Albtraum. Seine Hände tasten sich zu meinem Unterleib. Er knetet mich und stöhnt. Dann sucht er mit seinen dicken Fingern nach meiner Scheide. Ich verkrampfe mich. Seine Finger quälen mich. Ich fühle, wie mich etwas Hartes von hinten berührt. Ich fühle mich dreckig, eklig – schuldig. Er stöhnt. Ich will weg. Als alles vorbei ist, renne ich davon. Ich laufe nach Hause. Zuerst in den Garten zum Gartenschlauch, um mir die Soße an meinen Kleidern abzuwaschen. Es geht nicht alles weg. Ich schleiche mich in mein Zimmer, hole mir neue Kleider aus dem Schrank und schließe mich im Badezimmer ein. Ich will mich reinigen, aber es geht nicht. Ich weine ununterbrochen und wasche mir das Gesicht. Das Wasser vermischt sich mit meinen Tränen. Innen bleibe ich beschmutzt.

Ich sitze da und weine. Dann werfe ich mich auf die Matratze, drücke mein Gesicht in ein Kissen und weine hemmungslos. Ich merke nicht, wie Frau Seifert ins Zimmer schaut. Ich kann nur schluchzen. Der ganze Schmerz bricht hervor, die Scham, der Ekel. Dazwischen rufe ich immer wieder: »Nein!« Es ist schrecklich, gefühlsmäßig und gedanklich alles noch einmal zu erleben.

Frau Seifert setzt sich zu mir und wartet. Sie betrachtet mein Bild und macht sich Notizen.

»Welchen Titel würden Sie diesem Bild geben?«

Stille.

Schließlich sage ich: »Der Dreckskerl!«

Wieder Schweigen.

Dann bricht es aus mir hervor:

»Er hat mich einfach von hinten gepackt und seine Fantasie an mir ausgelebt. Er hat mich beschmutzt. Er hat ein Stück von mir getötet.« Wieder muss ich weinen.

»Haben Sie jemandem davon erzählt?«

»Ja, ich konnte irgendwann nicht mehr schweigen, weil mich das Ereignis stark belastete. Ich habe nach langem innerem Kampf und trotz seines Drohens meiner Mutter alles erzählt. Ich erwartete Hilfe von ihr.«

»Wie hat sie reagiert?«

»Sie blockte ab und befahl mir dasselbe wie schon der Mann: Ich solle schweigen und niemandem davon erzählen. Niemand dürfe es erfahren. Dann fragte sie mich noch, wie ich mich verhalten und ob ich ihn gereizt hätte, dass er überhaupt auf die Idee kam, so etwas zu machen. Der Gipfel war aber, dass sie mir sagte: ›Er ist ja zum Glück nicht in dich eingedrungen. So kannst du auch nicht schwanger werden.‹ Ich weiß nicht, was mir mehr wehtat: was mir dieser Typ angetan hatte oder die Reaktion meiner Mutter.« Wieder schießen mir die Tränen in die Augen und befeuchten mein Gesicht. Wie ein Wasserfall.

Ich schluchze: »Ich fühlte mich noch dreckiger als zuvor, schmutzig und unverstanden. Ich war alleine und verlassen. Vielleicht war ich sogar an allem selbst schuld. Das schlechte Gewissen plagte mich. Keiner half mir, keiner verstand mich. Von da an sagte ich niemandem mehr etwas. Ich verdrängte das Geschehene ins tiefste Innere. Ich vergaß es manchmal auch tatsächlich. Doch überrollt mich diese Geschichte manchmal in meinen Träumen – und auch jetzt wieder. Das ist furchtbar.«

»Sind Sie dem Mann noch öfter begegnet?«

»Ich war regelmäßig bei seiner Mutter und besuchte sie noch ab und zu. Ich versuchte allerdings, Martin aus dem Weg zu gehen und einen großen Bogen um ihn zu machen. Ich hatte jedes Mal Angst, er könnte mir erneut etwas antun. Irgendwann ging ich nicht mehr zu der Familie. Die Frau hat es nicht verstanden, aber ich wollte ihr nicht die Wahrheit sagen. Ich hatte zu große Angst vor ihrem Sohn.«

Nach einer Weile sieht mich Frau Seifert fest an.

»Karin, was Sie da erlebt haben, ist sehr schlimm. Ein Mann hat Sie missbraucht, als Sie noch ein Kind waren. Sie können nichts dafür. Sie sind nicht schuld! Dass Sie Scham, Ekel und Angst empfinden, ist normal.«

Mit diesen Worten gehe ich heim. »Ich bin nicht schuld«, spricht es immer wieder in mir.

Als ich zur Tür hereinkomme, sehe ich, dass der Anrufbeantworter blinkt. Es ist Kurt. Auch das noch.

»Hallo Karin«, schmalzt er in den Apparat. »Das Wetter wird immer besser. Was ist mit unserer Ausfahrt? Ich freue mich schon! Melde dich doch bald mal!«

Man sieht es nicht

Die nächsten Tage kommen mir wie ein böser Traum vor. Bei der Arbeit tue ich meine Pflicht, ich bewege mich wie ein Roboter, mechanisch, handle nach Programm.

Ich spüre mich kaum. Mein Körper ist eine leblose Hülle, gehört nicht zu mir.

Auch das Essen habe ich nicht im Griff. Mal esse ich den ganzen Tag lang gar nichts, dann stopfe ich wieder alles wahllos in mich hinein, was mir in die Hände kommt. Ich bin frustriert.

In den Nächten liege ich wach, lasse eine Lampe brennen und denke nach. Die Angst vor weiteren Albträumen verscheucht den Schlaf. So auch jetzt. Das Grübeln macht mich fertig. Auch die Wachträume sind Albträume.

Es ist still. Endlich kann ich schlafen. Papa ist auch ins Bett gegangen. Seine Kollegen sind weg. In der Küche herrscht Chaos. Ich werde es morgen aufräumen. Jetzt bin ich zu erschöpft. Vielleicht kann ich vor Mama aufstehen. Ich schlafe schon, als mich ein Geräusch weckt. Ich weiß zuerst nicht, woher es kommt, und lausche in die Dunkelheit. Da, ein leises Piepsen. Ich schaue in der Küche nach. Eine Maus ist in die Falle gegangen, und die hat zugeschlagen. Sie hat den Speck gerochen und ihrer Gier nachgegeben. Sie tut mir Leid. Ängstlich und mit klopfendem Herzchen sitzt sie in einem Eck und piepst. Wahrscheinlich steht sie gerade Todesängste aus. Ich werde sie morgen im Wald freilassen. Zurück im Bett versuche ich wieder zu schlafen, muss aber an die Maus denken, an ihre großen runden Augen, an ihren verstörten Blick. Ich komme mir vor wie diese Maus: gefangen, in die Ecke gedrängt, in der Falle, allein. Wer lässt mich raus? Gibt es überhaupt einen Ausweg aus diesem Gefängnis?

»Man ist dem Täter ausgeliefert«, vertraue ich meinem Tagebuch an. »Man weiß nicht, wie man reagieren soll und weiß auch nicht, sich zu helfen. Es ist ein Schock. Man ist vor Angst wie gefesselt vor dem, was jetzt kommen könnte, was er tut – wozu er fähig ist. Das Schlimmste ist das Bloßgestellt-Werden. Er nimmt dich nicht ernst, wenn du etwas sagst. Er lacht oder wird böse. Du bist gefangen wie eine Maus in der Falle, kommst nicht raus – erst wenn er dich wieder herauslässt. Du hast keinen Mut, auch nur ein Wort zu sagen, weil du seine Reaktion fürchtest. Wer weiß, was er dir antut, wenn du Nein sagst.

Also lässt man das Ganze über sich ergehen ...

Wenn jemand unters Auto kommt oder sonst einen Unfall hat, so sieht man es. Wenn aber jemand missbraucht wird, sieht man es nicht auf den ersten Blick, vielleicht auch nicht auf den zweiten – vielleicht nie. Wahrscheinlich glaubt man dir die Geschichte nicht, und es heißt: ‚Du bist selbst schuld, hättest halt nicht hingehen dürfen. Du hast dich an ihn rangemacht, dann musst du dich jetzt nicht beschweren.' Oder die anderen glauben es dir gar nicht und denken du lügst oder erfindest eine Geschichte, um dich wichtig zu machen. Wenn du nicht gerade psychisch krank wirst, glaubt dir niemand, was mit dir passiert ist, und sie nehmen dich nicht ernst. Also versuchst du zu verdrängen, zu vergessen, zu schweigen und hütest ein böses Geheimnis, das dich auffrisst. Du getraust dich nicht, es noch irgendjemandem zu erzählen. Aber es ist immer da. Am Tag fühlst du dich von einem seltsamen Gefühl verfolgt, in der Abenddämmerung schielt eine böse Ahnung um die Ecke, und in der Nacht übermannen dich die Albträume, die die verborgene Realität hervorkommen lassen. Und die Angst, NEIN zu sagen, lässt jeden Schutzwall wieder einstürzen, lässt jede klare Grenze verschwimmen.«

Ich lege das Tagebuch neben mich und überlege, was ich tun soll. Es ist Mitternacht. In zwei Stunden muss ich sowieso aufstehen und zur Arbeit fahren. Ich versuche, noch ein wenig zu dösen – nicht schlafen, nur ein bisschen ausruhen.

Ich sitze in der Schule. Siebte Klasse. Ich werde nicht mehr gehänselt, habe aber auch keine Freundin. Ich bin immer noch eine Einzelgängerin. In meiner Klasse ist ein neues Mädchen. Sie heißt Clarissa. Sie wohnt im selben Dorf wie ich. Ihre Mutter ist Alkoholikerin. Ich sitze hinter Clarissa. Meine Mitschüler tuscheln und kichern. Ich drehe mich um. Sie kichern nicht über mich, sondern über Clarissa. Ich lehne mich zurück und flüstere mit. Ich kichere. Ich meide sie. Ich schreibe Zettel über sie und lasse sie in der Klasse herumgehen. Ich, die immer ausgelacht worden ist, lacht nun eine andere aus, verbündet sich mit dem Rest der Klasse und fühlt sich stark.
Daheim fühle ich mich mies. Mein schlechtes Gewissen plagt mich. Warum verhalte ich mich so? Ich schäme mich. Andererseits bringt mir das Beachtung von den anderen, Anerkennung und ein Stück weit Gemeinschaft, selbst wenn es ein schlechter Grund ist, aus dem wir zusammenstehen und reden.
Ich bin in einer anderen Schule. Ich habe gewechselt. Hinter mir sitzt Clarissa und tuschelt, kichert und zeigt auf mich. Clarissa geht auch im Nachbardorf in die Schule, weil sie dort in einer Pflegefamilie wohnt. Ihre Mutter ist in einer Klinik. Clarissa redet schlecht von mir. Sie hat auch allen Grund dazu.
Ich sitze neben Clarissa. Wir sind die besten Freundinnen. Wie das gekommen ist, weiß ich nicht mehr. Wir treffen uns fast täglich, machen zusammen die Hausaufgaben. Meistens sind wir gleich nach der Schule bei ihr zu Hause, weil sie näher wohnt. Ihre Pflegefamilie ist sehr christlich. Sie gehen jeden Sonntag in den Gottesdienst und reden besonders fromm. Aber ihr Pflegevater ist mir nicht sympathisch. Er schaut seltsam. Irgendwie gierig, aufdringlich, lüstern. Clarissa hat auch Angst vor ihm. Sie

hat viele Probleme in dieser Familie. Ich will ihr helfen, weiß aber nicht, wie. Ihr Vater kommt mir beängstigend nah. Ich will ihn abwehren. Er kommt immer näher ...

Der Wecker klingelt. Ich schrecke auf. Es ist zwei Uhr. Ich muss aufstehen.

Es kostet mich immer wieder Überwindung, in der Nacht zur Arbeit zu fahren, nicht wegen der Müdigkeit, sondern wegen der Dunkelheit. Ich fahre mit dem Auto hin, da fühle ich mich sicherer. Früher bin ich meistens mit dem Fahrrad gefahren, aber in der letzten Zeit ist meine Angst zu groß.

Ich arbeite seit vier Stunden und kann mich kaum konzentrieren. In meinem Kopf pocht es wie verrückt. Alles ist *ver-rückt*. Ich fühle mich wie neben mir.

Schließlich melde ich mich wegen Migräne ab und fahre wieder nach Hause.

Es wird immer schlimmer. Ich halte es nicht mehr aus.

Ich will zu einem Arzt, aber nicht zu Dr. Jung. Im Telefonbuch gehe ich jeden Namen der darin aufgelisteten Ärzte genau durch und suche mir einen Namen heraus: Dr. Elisabeth Müller – der Name klingt normal. Die Frau ist auch Psychiaterin, aber eben: eine Frau!

Am Mittag sitze ich im Sprechzimmer.

Ich schildere der Ärztin meine Situation, meine Schmerzen, die Schlafstörungen, erzähle ihr von den Antidepressiva, die meines Erachtens nicht viel helfen, und dass ich glaube, wahnsinnig zu werden, wenn es so weitergeht.

Die Psychiaterin zeigt Verständnis, verschreibt mir zwei Medikamente und bietet mir an, mich krank zu schreiben. Ich will nicht, denn ich habe Angst vor meinem Chef. Ich könne mich jederzeit melden, wenn es doch einmal nötig sei, versichert sie mir. Das beruhigt mich. Ich fühle mich bei dieser Ärztin wohler als bei Dr. Jung. Zu ihm werde ich nicht mehr gehen, nehme ich mir vor. –

Die Schmerzmittel wirken. Mein Kopf beruhigt sich. Ich beruhige mich.

Das Telefon läutet.

»Karin Huber, guten Tag!«

»Hallo, ich bin's: Kurt«, haucht eine bekannte Stimme ins Telefon.

»Nicht schon wieder«, denke ich.

»Hast du heute Nachmittag Zeit?«, flötet er weiter in den Hörer.

»Nein, ich bin krank«, gebe ich kurz angebunden zurück.

»Das tut mir Leid. Kann ich dir helfen? Soll ich vorbeikommen?«

Auch das noch! »Nein, nein, es geht schon. Ich brauche einfach Ruhe. Mehr nicht.«

»Hm, schade. Dann mach's gut. Ich melde mich wieder! Tschüss Karin, tschüss!«

Bei diesem Kurt wird mir ganz komisch. Wie lange will der mich eigentlich noch mit seiner Spazierfahrt im Cabriolet nerven? Am Schluss kreuzt er noch bei mir zu Hause auf.

Was will er eigentlich von mir? Es gibt Tausende anderer Frauen, mit denen er ausfahren kann. Wieso ausgerechnet mit mir?

Ich nehme mir vor, mich bei ihm zu melden, sobald es mir besser geht, und die Fahrt endlich hinter mich zu bringen, damit er mich in Ruhe lässt und sich nicht noch bei meinem Chef beschwert. Um mich von dem Anruf zu erholen und wieder klare Gedanken zu fassen, koche ich mir einen Tee und schreibe weiter in meinem Tagebuch – auch um mich abzulenken.

»Ich ging von klein auf in Ferienlager. Auf diese Zeiten habe ich mich immer riesig gefreut und förmlich auf den Tag der Abreise hingelebt. Ich habe in diesen Kreisen Leiterinnen und Leiter kennen gelernt, die mir vertrauenswürdig erschienen. Manchmal ging ich zu ihnen und erzählte ihnen andeutungsweise von meiner Situation zu Hause. Ein paar nahmen meine Worte sehr ernst, andere wussten nicht, wie sie damit umgehen sollten.

Wir hörten in den Lagern von Gott und von Jesus und auch davon, wie man ein so genanntes ›Gotteskind‹ wird. Ich hatte mich schon früher dafür entschieden, mit Gott zu leben, wurde aber auf jeder Freizeit, wenn das Thema angeschnitten wurde, unsicher, ob ich es damals richtig gemacht hatte und ob ich wirklich zu Gott gehörte. So erneuerte ich in fast jedem Lager meine Entscheidung für Jesus. Danach war ich dann immer unendlich erleichtert und glücklich, wobei das Glücksgefühl schnell erlosch. Im nächsten Lager kam die Angst zurück, ich könnte mich noch nicht richtig bekehrt oder etwas vergessen oder alles wieder verloren haben. Und so entschied ich mich ein weiteres Mal ...

Mit der Zeit lernte ich in unserem Dorf eine Familie kennen, die noch nicht lange dort wohnte. Sie suchten einen Babysitter, um einen Abend pro Woche ausgehen zu können. Auf ihr Inserat hin meldete ich mich. Leitners hatten zwei kleine Kinder, zu denen ich mich gleich hingezogen fühlte. Die Frau – Andrea – war sehr nett. Stefan, ihr Mann, ebenfalls. Ich ging regelmäßig zu ihnen, spielte mit den Kindern, saß lange bei Andrea und genoss jede Stunde, die ich dort verbringen konnte. Bei dieser Frau verlor ich Stück für Stück meine Schüchternheit und meine Hemmungen und begann zu reden. Ich erzählte ihr von mir, von meinen Eltern, von der Trinkerei meines Vaters. Andrea nahm mich ernst, und das tat mir gut. Sie hatte viel Geduld mit mir. Am Anfang war es sicher nicht so einfach, da ich fast kein Wort sprach. Leitners wurden für mich eine Art Ersatzfamilie, in der ich viel Liebe und Wertschätzung erhielt. Ich fühlte mich wichtig. Sie gaben mir viel positive Rückmeldung, ich durfte mich bei ihnen wie zu Hause fühlen und übernachtete auch oft bei ihnen. Meine Eltern waren davon nicht sehr begeistert, besonders meine Mutter nicht. Sie wurde mit der Zeit eifersüchtig und hatte das Gefühl, Leitners würden ihr ihre Tochter wegnehmen. Als die Situation in meinem Elternhaus unerträglich wurde, zog ich ein paar Jahre später – ich war schon in der Lehre – von einem Tag auf den anderen aus. Ich durfte bei Leitners wohnen, die zu dieser Zeit ins Nachbardorf gezogen waren.

Später lernte ich einen weiteren Menschen kennen, dem ich vertrauen konnte. Barbara leitete ein Lager. Sie war Pfarrerin. Ich fühlte mich gleich zu ihr hingezogen. Auf einer langen Wanderung lief ich neben ihr her und erzählte ihr einen Abschnitt aus meinem Leben. An ihren Reaktionen merkte ich, dass sie genau nachvollziehen konnte, wie es mir ging. Das ermutigte mich, ihr noch mehr zu erzählen. Ich erzählte ihr meine ganze Lebensgeschichte. Hinterher war ich über mich selbst erstaunt.«

Heute habe ich keinen Kontakt mehr zu Leitners. Mit der Zeit fühlte ich mich bei ihnen nicht mehr wohl. Auch dort habe ich einige unangenehme Erlebnisse gehabt.

Ich sitze in der Küche. Gerade war ich bei meinen Eltern und habe ihnen gesagt, dass ich wieder zu ihnen ziehen will. Zwei Jahre lang habe ich bei Leitners gewohnt. Jetzt muss ich gehen. Ich bin traurig. Andrea telefoniert. Sie spricht mit meinem Therapeuten. Sie spricht mit ihm über mich, ohne mich zu fragen. Das macht mich wütend. Sie tut so, als wenn sie genau über mich Bescheid wüsste und alles deuten und einordnen könnte. Ich fühle mich von ihr betrogen. Ich raufe mir die Haare und reiße daran. Auf einmal habe ich ein Büschel Haare in der Hand. Das steigert meine Wut nur noch mehr. Der Hass glüht. Ich schlage meinen Kopf gegen die Wand. Das Leben hat für mich keinen Sinn mehr. Ich bekomme einen Nervenzusammenbruch. Am anderen Tag gehe ich zu meinem Therapeuten.

Gerade habe ich die Fahrprüfung bestanden – einmal etwas, was ich wollte und auch erreicht habe! Ich freue mich riesig. Vor lauter Freude kann ich in der folgenden Nacht nicht schlafen. Am Tag nach der Prüfung darf ich Andreas Auto benutzen, um einkaufen zu fahren. Ich setze mich ins Auto, lege den Rückwärtsgang ein und fahre los. Aber ich komme keine zwanzig Meter weit. Es kracht; der Rückspiegel fällt ab. Ich bin zu nah an die Mauer gefahren. Wieso muss das ausgerechnet jetzt passieren? Warum wieder mir? Ich bin fertig mit den Nerven. Die Tränen laufen wie Bäche herunter. Ich schäme mich, getraue mich gar nicht, es Andrea zu sagen. Doch sie und ihr Mann reagieren ganz anders als erwartet. Sie lachen und machen sich einen Spaß daraus. Einerseits bin ich über ihre Reaktion erleichtert, andererseits ist mir das Lachen vergangen. Meine Knie zittern noch lange.

Von da an hatte ich Hemmungen, weiterhin zu Leitners zu gehen. Irgendetwas war zwischen uns, seit Andrea mit meinem Therapeuten telefoniert hatte. Mein Vertrauen war zerstört. Wieder war eine zuerst gute und enge Beziehung auseinander gegangen.

Nachdenklich schreibe ich weiter.

»Als ich aus der Schule kam, merkte ich, dass ich anders war als die anderen. Ich war still, schweigsam, in mich gekehrt und immer Außenseiterin. Ich verhielt mich anders, hatte lange Haare, zog mich anders an und machte andere Dinge in meiner Freizeit. Meine Mitschülerinnen waren modisch gekleidet, gepflegter, geschminkt. Ihre Frisuren waren der letzte Schrei. Mein Stil blieb immer gleich. Manche Klassenkameradinnen forderten mich dazu auf, mich endlich einmal anders anzuziehen, doch das war einfacher gesagt als getan. Auch verletzte mich die Art und Weise, wie sie mir das mitteilten. –

Nach der Schule begann ich mit einem Haushaltslehrjahr. Die Familie, bei der ich angestellt war, hatte sechs Kinder. Die Frau war sehr perfektionistisch. Bei ihr glänzte alles, es war picobello aufgeräumt, in der Küche lag kein Krümel herum. Alles wirkte steril. Sie verlangte von mir, so zu putzen und zu arbeiten wie sie selbst, was mich schlichtweg überforderte. Ihren Sauberkeitsmaßstab konnte ich nicht erfüllen, auch wenn ich mich anstrengte. Ich hatte Angst vor ihr und getraute mich kaum, ein Wort zu sagen. Sechs Kinder überforderten mich. Außerdem passierten mir vor lauter Angst vor dieser Frau zahlreiche Missgeschicke. Ich ließ das Essen anbrennen, stellte die falsche Herdplatte an und versengte einen Abdeckschutz nach dem anderen, beim Bügeln brannte ich Löcher in die Wäsche.«

Ich stehe am Bügelbrett und versuche den Berg aus Bügelwäsche zu verkleinern. Geschirrtücher, Taschentücher, Hemden, T-Shirts, Hosen, sogar Unterwäsche. Ich bügle gerade das zehnte Taschentuch und wünsche mir nichts sehnlicher, als mit meiner Hausmutter ein besseres Verhältnis zu haben. Ich hatte mich auf das Haushaltsjahr gefreut und gehofft, eine neue Chance zu bekommen. Von Anfang an war die Frau nicht nett zu mir, kritisierte, was ich tat, war selten zufrieden. Ich würde zu ungenau putzen, zu schlecht bügeln, das Essen sei nicht gut genug, bei den Einkäufen ginge ich zu verschwenderisch mit dem Geld um. Die Frau selbst schien perfekt zu sein – ganz zu schweigen von ihrem Haushalt. Plötzlich riecht es verbrannt. Ich blicke auf das Bügelbrett und sehe, dass ich mit dem Bügeleisen ein riesiges Loch in das Taschentuch gebrannt habe. O nein! Was soll ich machen? Wenn ich ihr das erzähle, dann wirft sie mich endgültig raus. Vielleicht hat sie ja auch Recht. Vielleicht bin ich zu nichts richtig zu gebrauchen. Zu langsam, zu ungenau, zu verträumt. Ich habe es ja gerade wieder bewiesen. Ich lasse das verbrannte Bügelstück verschwinden und verschweige, was geschehen ist.

Doch täglich bin ich angespannter und habe panische Angst vor dem Augenblick, in dem mir wieder etwas passiert. Ich kann kaum noch schlafen.

»Von Zeit zu Zeit ging ein Glas oder etwas anderes in die Brüche. Die Frau reagierte jedes Mal kühl und gab mir durch Blicke zu verstehen, dass sie nicht zufrieden war und dass ich in ihren Augen versagt hatte. Als ich mir endlich ein Herz fasste, um mit ihr zu reden, stellte sie mich vor die vollendete Tatsache, dass sie die Kündigung schon abgeschickt hatte. Für mich brach eine Welt zusammen. Ich fühlte mich klein und dumm.

Ein paar Wochen später trat ich eine neue Stelle in einer anderen Stadt an, um mir zu beweisen, dass ich es kann und keine Versagerin bin. Ich wollte es mir selbst bestätigen. Die Familie hatte nur ein Kind und führte ein Elektrogeschäft. Von der Arbeit her gefiel es mir dort eigentlich ganz gut. Doch die Frau gab mir oft direkte und verletzende Rückmeldungen. Da ich immer bequeme Sachen anhatte, wie zum Beispiel Trainer, weite Hosen, Turnschuhe, sagte sie zu mir, ich würde immer so schluderig herumlaufen und solle doch etwas Anständiges anziehen. Man müsse sich im Geschäft für mich schämen, wenn Kunden kämen. Ich schämte mich und fühlte mich ganz klein. Bald hatte ich auch bei dieser Chefin das Gefühl, ihr nichts recht machen zu können. In beiden Familien weinte ich viel und hatte vor allem Probleme mit dem Essen. Entweder aß ich gar nichts oder ich stopfte alles unkontrolliert in mich hinein, um es kurz darauf wieder zu erbrechen.«

Ich erinnere mich, dass ich der Frau einmal etwas Persönliches von mir anvertraute, das mich stark verletzt hatte. Sie hörte zwar zu, meinte aber nur: »Das ist doch nicht so schlimm!« Ich fühlte mich überhaupt nicht ernst genommen, war verletzt. Von da an erzählte ich ihr nichts mehr von mir, sondern redete nur noch über allgemeine Themen. Auch bei ihr hatte ich Angst, Fehler zu machen.

»Einmal missriet mir eine Torte, die ich für einen Geburtstag backen sollte. Heimlich ließ ich sie verschwinden und begann noch einmal von vorne.

Ich war erleichtert, als das Haushaltsjahr endlich dem Ende entgegenging. Während der ganzen Zeit musste ich immer an zu Hause denken und fragte mich, wie es dort wohl ging, was mein Vater machte, ob meine Mutter mit ihm zurechtkam. Ich machte mir ständig Sorgen und war unruhig, da ich in dieser Zeit die Kontrolle über die Situation daheim nicht mehr hatte. Ich hatte auch Angst, etwas zu verpassen. Nun konnte ich wieder nach dem Rechten sehen und eroberte mir die Kontrolle zurück.«

Weihnachten. Zu Hause ist dicke Luft. Mama und Papa haben sich gestritten. Ich kann ihnen nicht helfen. Was soll ich tun, dass sie nicht mehr streiten? Ich fühle mich für ihre Beziehung verantwortlich und ich fühle mich schuldig. Vielleicht hätten meine Eltern keinen Streit, wenn ich nicht auf dieser Welt wäre. Um acht Uhr kommt Papa endlich nach Hause – mit einem halben Rausch. Er ist launisch und unzufrieden. Keiner redet ein Wort. Das Essen ist sehr gut – eigentlich mein Leibgericht, aber mir ist der Appetit vergangen. Die Stimmung erdrückt mich fast. Papa geht bald ins Bett. Mama weint. Weihnachten ist schrecklich!

Papa spielt oft den Nikolaus, geht von Haus zu Haus und beschenkt die Kinder. Einmal sind alle Nikoläuse und ihre Familien zu einem Abendessen eingeladen. Papa hat wieder zu viel Alkohol getrunken. Er macht dumme Sprüche, Gläser gehen in die Brüche. Ich schäme mich, dass alle Leute sehen, dass er mein Va-

ter ist. Und er wird für immer mein Vater bleiben! Manchmal würde ich ihn am liebsten umtauschen. Aber auch für diesen Gedanken schäme ich mich.

»Nach dem Haushaltslehrjahr fand ich keine Lehrstelle, und so arbeitete ich noch einmal in einer Familie. Es war die Familie eines Pfarrers. Ich ging schon vorher zu diesem Pfarrer zu Seelsorge-Gesprächen und fühlte mich am Anfang wie zu Hause, da ich die Familie schon ein wenig kannte. Zu Beginn ging alles gut. Ich hatte eine gute Beziehung zu dem Ehepaar. Doch bald schon kamen die ersten Schwierigkeiten. Ich hatte das Gefühl, dass sie mit mir überfordert waren. Sie konnten mit meinen Problemen, Ängsten und mit meiner Art nicht umgehen. Auch die Gespräche halfen mir nicht weiter. Ich fühlte mich nicht verstanden und nicht ernst genommen.

Als ich mich eines Tages am Fuß verletzte und krankgeschrieben war, blieb ich bei Leitners, wo ich zu der Zeit lebte. Eines Nachmittags läutete das Telefon. Andrea blieb lange im Nebenraum, in dem sich das Telefon befand. Als sie zurückkam, teilte sie mir mit, dass die Pfarrersfrau angerufen und zugegeben hätte, dass sie mit mir nicht umgehen könne und nicht wüsste, wie es weitergehen solle. Ihr sei es lieber, wenn ich nicht mehr käme. Das hat mich tief verletzt, vor allem weil ich ihnen in der Seelsorge und privat viel Persönliches anvertraut hatte. Zwei Tage lang habe ich fast ununterbrochen geweint. Andrea konnte mich kaum trösten und ließ mich weinen. Ich nahm mir vor, in Zukunft vorsichtiger zu sein, wem ich was sagte. Ich wollte nichts mehr aus meinem Innersten preisgeben, damit man mich nie mehr so verletzen konnte.

Schließlich kam ich zu einer vierten Familie. Die Frau erwartete das fünfte Kind. Der Mann war noch in der Ausbildung. Wenn ich an diese Zeit zurückdenke, muss ich sagen, dass ich es dort wirklich gut hatte. Die Arbeit verlief gut, und ich fühlte mich wohl. Die Zeit in der letzten Familie ging rasch vorbei.

Zum Herbst hatte ich eine Lehrstelle als Bäckerin-Konditorin. Ursprünglich wollte ich einen Beruf erlernen, wo ich mit Kleinkindern zu tun hatte, doch hatte ich in diesem Bereich keine Chance, eine Lehre zu machen. Ich wurde nicht genommen. So trat ich in die Fußstapfen meines Vaters und meines Bruders. Mir fiel damals kein anderer Beruf ein.«

Mein Stift hält wieder schwarz auf weiß fest, was Teil meiner Vergangenheit ist:

»Ich hatte eine gute Lehrstelle und einen guten Meister. Die Umstände und das Arbeitsklima waren gut, dafür war der Inhalt der Lehre nicht gerade überwältigend. Ich lernte nur wenige Dinge. Was mir aber beigebracht wurde, das konnte ich dann fast im Schlaf ausüben.

Zur gleichen Zeit teilte mir Familie Leitner mit, dass ich wieder zu Hause wohnen sollte. Das war ein weiterer Schock. Wieder fühlte ich mich abgewiesen, unerwünscht. Die kommenden Monate waren sehr schwierig für mich. Mein Vater meinte, ich brauche gar nicht mehr zu kommen. Doch meine Eltern mussten mich aufnehmen, da ich noch in der Lehre war. Mein Vater geizte allerdings, wo es nur ging. Er sparte am Strom, und im Winter blieb mein Zimmer eiskalt. Auch das warme Wasser war rar. Ich weinte in dieser Zeit sehr viel, war immer traurig und schlief in meiner Freizeit.«

Ich stehe vor dem Zigarettenautomat. Innerlich hoffe ich, meine Probleme mit Rauchen lösen zu können. Nach der ersten Zigarette wird mir speiübel. Zuerst denke ich, das sei das erste und das letzte Mal gewesen, doch einen Tag später probiere ich meinen zweiten Glimmstängel. Und nach und nach mag ich den Geschmack. Die Zigaretten lösen zwar nicht meine Probleme, doch nach jedem Zug werde ich zufriedener und genieße den Geschmack. Ich rauche heimlich. Vor meinen Eltern und auch vor

Familie Leitner will ich meinen neuen Problemlösungsversuch verbergen. Ich rauche meistens auf dem Fahrrad, damit ich gleichzeitig auslüfte, stecke mir anschließend ein Pfefferminzkaugummi in den Mund, und keiner merkt etwas von meinem geheimen Genussmittel. Ich werde nicht zur Kettenraucherin, aber es tut mir gut, ab und zu eine zu rauchen. Mit dem Beenden der Lehre sind auch meine Schulprobleme zu Ende. Ich kaufe mir kein einziges Päckchen Zigaretten mehr. Ich brauche sie nicht mehr. Ein neuer Lebensabschnitt beginnt jetzt für mich.

»Die Berufsschule, die ich neben der Lehre besuchen musste, hatte mir große Mühe bereitet. Ich musste viel lernen, um überhaupt mitzukommen. Schließlich schaffte ich die Prüfungen dann doch recht gut. Ich war stolz auf mich. Innerlich ging es mir allerdings sehr schlecht. Mit meinem damaligen Arzt sprach ich darüber, ob ich eine Stelle antreten oder in eine Klinik gehen sollte. Ich hatte eine Stelle in Aussicht und wollte sie antreten und nicht gleich als ›Kranke‹ abgestempelt werden. Ich hatte allerdings einen schwierigen Start. Mein Chef war zwar ganz nett, kümmerte sich jedoch um fast nichts. Die Hauptverantwortung übertrug er seinem Sohn. Außer mir war nur noch eine Frau angestellt, sonst war das Geschäft ein Männerbetrieb. Die Mitarbeiter akzeptierten mich nicht, tuschelten, lachten mich aus, rissen dumme Witze, und ich kam mir bald vor wie in meiner Schulzeit – ausgelacht, ausgestoßen, einsam. Ich wurde von den anderen, selbst von den Lehrlingen herumkommandiert und erledigte letztlich die Aufgaben einer Praktikantin, da ich viele Fehler machte. Die Arbeit wurde zur Tortur. Jeder Arbeitstag machte mir Angst. Ich wurde mit der Zeit sehr unsicher und hatte das Gefühl, dass mir alles missriet, was ich nur mit meinen Händen berührte. Ich versuchte, mit meinem Chef über das Arbeitsklima zu sprechen, doch der meinte nur, ich solle mit seinem Sohn reden, der würde die Sache schon regeln.

Mit schlotternden Knien ging ich zum Sohn und bat um ein Gespräch. Doch ich bereue heute noch, jemals dorthin gegangen zu sein.«

Meine Schrift wird zittrig und ich werde unendlich müde. In der Hoffnung, mich vor den befürchteten Albträumen zu schützen, schlucke ich eine Schlaftablette mehr als sonst.

Monsterhände

Beim nächsten Gespräch mit Frau Seifert liegt ein großer Klumpen Ton auf einer Unterlage in der Mitte.

»Nehmen Sie ein Stück Ton, Karin, und versuchen Sie etwas zu formen – irgendetwas, das Ihren inneren Zustand, Ihre Gefühle oder Gedanken ausdrückt.«

Ich nehme ein Stück von dem Klumpen und halte es in meinen Händen. Der Ton fühlt sich kalt an. Ich knete ihn gedankenverloren in meinen Händen. Langsam erwärmt sich das Material. Ich knete und knete, forme eine Figur nach der anderen, um sie anschließend wieder zu verformen. Die Arbeit mit dem Ton tut mir gut. Ich muss nicht denken, sondern lasse das, was in mir ist, in den Ton fließen. Dann forme ich eine undefinierbare Gestalt mit einer riesengroßen Hand. Ich bin fertig. Nachdenklich betrachte ich mein Werk. Ich stelle es in die Mitte zu den brennenden Kerzen, betrachte es mit einigem Abstand und lasse meine Gedanken wandern.

Schließlich bittet mich Frau Seifert: »Karin, sagen Sie nun laut, was Ihnen zu Ihrer Figur einfällt. Welche Gedanken kommen Ihnen? Welche Gefühle nehmen Sie wahr?«

Ich starre schweigend auf das Etwas aus Ton vor mir. In mir ist ein Sturm von Gefühlen. Nach einer Weile versuche ich zu formulieren, was in mir vorgeht:

»Ich spüre Hass, Wut und Ohnmacht. Ich fühle mich von dieser Hand bedroht. Sie ist zu groß für mich, übergroß. Sie kommt mir zu nahe und wird gefährlich. Ich will sie abwehren und kann mich doch nicht wehren. Ich hasse das Etwas dahinter, die undefinierbare bedrohliche Gestalt. Ich habe Angst vor ihr. Ich habe Angst vor jedem Mann, Angst, dass er mir zu nahe kommt, Angst, immer wieder neu belästigt zu werden.« Ich schweige.

Frau Seifert schreibt, wartet, dann fragt sie vorsichtig:

»Möchten Sie von ein paar Erfahrungen berichten, die Sie mit Männern gemacht haben?«

Ich schlucke, versuche mich zu konzentrieren, aber in meinem Kopf tobt ein Sturm. Ich fühle Scham und Ekel. Es dauert lange, bis ich Worte finde.

»Ich hatte eine Freundin, die verheiratet war. Ich unternahm viel mit ihr, besuchte sie oft. Sie hatte Probleme in der Ehe und erzählte mir von ihrem Kummer. Einmal war ich dort, als sie nicht da war. Dafür war ihr Mann anwesend. Er lud mich zu einem Kaffee ein und erzählte mir seinerseits von seinem Kummer mit der Beziehung. Seine Frau liebe einen anderen und das verletze ihn tief. Andererseits meinte er, dass er dasselbe Recht hätte, fremdzugehen. Gleichzeitig schmeichelte er mir mit Komplimenten. Er verglich mich mit seiner Frau. Wir gingen zusammen spazieren. Er wurde ziemlich aufdringlich und wollte mich küssen, aber das ließ ich nicht zu. Schließlich nahm er meine Hand. Ich getraute mich nicht, ihn noch einmal abzuweisen. Ich getraute mich wieder nicht, Nein zu sagen. Er war stärker als ich, und ich hatte Angst vor ihm. Im Extremfall wäre ich ihm hilflos ausgeliefert gewesen. So schwieg ich und spazierte mit ihm Hand in Hand durch den Wald. Ich konnte meiner Freundin nichts davon erzählen; ich war völlig blockiert. Das nächste Mal traf ich mich mit ihr in einem Café. Ich getraute mich nicht mehr, in ihre Wohnung zu kommen, weil ich zu große Angst vor ihrem Mann hatte. Er hingegen versuchte, mich zu treffen, klingelte bei mir zu Hause an der Tür, schrieb mir Liebesbriefe und rief wiederholt an. Schließlich wartete er sogar vor dem Geschäft, in dem ich arbeitete, um mich abzupassen. Jedes Mal umarmte er mich zur Begrüßung und küsste mich. Dann legte er mir seinen Arm um die Schulter und führte mich weg. Und ich ließ es wortlos geschehen. Ich hatte Angst, mich zu wehren. Manchmal knabberte er mir am Ohr oder streichelte mich an der Brust. Er versuchte auch wiederholt, mir unter die Kleidung zu gehen, doch das ließ ich nicht zu. Schließlich nahm ich allen Mut zusammen und schrieb ihm einen harten, aber sehr klaren Brief, in dem ich betonte, dass ich keinen Kontakt mehr mit ihm haben wollte. Zum Glück ließ er mich dann endlich in Ruhe ...«

Ich lege eine Pause ein und nage an meinen Fingernägeln, die schon längst heruntergeknabbert sind. Eine dumme Angewohnheit. Bis jetzt habe ich es nicht geschafft, mir das Nägelkauen abzugewöhnen. Ich konzentriere mich wieder auf das Erlebte.

»... Dieselbe Freundin verkuppelte mich wenig später mit einem Mann aus dem Dorf. Eigentlich mochte ich ihn nicht besonders, hatte aber auch hier wieder nicht den Mut, Nein zu sagen und ihm schon beim ersten Treffen einen Korb zu geben. Aus lauter Höflichkeit oder richtiger Angst ließ ich ihn vieles machen, was ich nicht wollte, was ich aber lieber über mich ergehen ließ als einen Konflikt heraufzubeschwören. Der so genannte Freund wollte immer, dass ich bei ihm übernachte, doch ich wollte nicht. Er verstand mich und meine Situation nicht. Meine Mutter fiel aus allen Wolken, als ich ihr sagte, dass ich einen Freund habe. Sie verlangte von mir, die Pille zu nehmen und ihr kein Kind heimzubringen. Ich war über ihre Reaktion schockiert. Meinem Freund sagte ich, dass ich keinen Sex vor der Ehe wollte, was ihn ziemlich befremdete. Nach vier Monaten ging diese Pseudofreundschaft auseinander. Aber wieder hatte ich mich von einem Mann betatschen und meine Grenzen überschreiten lassen. Ich fühlte mich ausgenutzt.

Ich hatte auch den Eindruck, dass ich mich von vielen Arbeitskollegen ausnutzen ließ. Sie merkten, wie schlecht ich Nein sagen konnte, und machten sich einen Spaß daraus, sich an mich heranzumachen, indem sie mir einerseits durch Komplimente zu schmeicheln versuchten, mir zuzwinkerten und viel versprechende Sprüche machten, mich aber andererseits die Drecksarbeit machen ließen, zu der sie selbst keine Lust hatten. Sie sahen auf mich herab, doch wenn sie alleine mit mir waren, versuchten sie, mir von Zeit zu Zeit über den Hintern zu streicheln oder mir kurz den Arm um die Schulter zu legen. Widerlich.«

»Haben Sie zwischendurch versucht, sich zu wehren?«, fragt Frau Seifert dazwischen.

»Zu Beginn immer. Ich habe sie gebeten, das zu lassen, oder gesagt, dass ich das nicht mag, aber wahrscheinlich habe ich zu leise und zu unsicher Nein gesagt, denn sie lächelten mich jeweils treuherzig an und flüsterten mir irgendeine Schmeichelei ins Ohr. Wenn ich sie wiederholt abwies, behandelten sie mich verächtlich, um sich bei der nächsten Gelegenheit erneut an mich heranzumachen. Schließlich ließ ich ihr Begrapschen zu, ohne mich zu wehren, fühlte mich dabei aber gleichzeitig schrecklich. Ich hätte jedes Mal losheulen können, wartete aber damit, bis ich zu Hause war.«

»Was meinen Sie, was gäbe es vielleicht für Möglichkeiten, NEIN sagen zu lernen?«

»Ich weiß nicht so recht. Vor allem weiß ich nicht, was

dann tatsächlich hilft.« Ich überlege angestrengt und stelle mir ein paar Situationen vor, in denen ich schon Nein sagen wollte, dann aber doch klein beigegeben habe.

»Ich habe zusammen mit meiner Schwester einen Selbstverteidigungskurs gemacht. Dadurch wurde ich ein wenig mutiger. In brenzligen Situationen bin ich aber jedes Mal so versteinert, dass ich völlig handlungsunfähig werde.

Ich habe auch schon versucht, mit meinem früheren Chef zu sprechen, aber er verwies mich nur an seinen Sohn, mit dem ich die nächste schlimme Erfahrung machte ...« Ich starre vor mich hin. Wieder eine schreckliche Erinnerung.

»Möchten Sie erzählen?« Frau Seifert wartet.

Es dauert einige Minuten, dann wage ich es, von einem weiteren schmerzhaften Erlebnis zu berichten:

»Dieser Sohn war ein Lüstling. Ein Dreckschwein. Obwohl er gerade frisch verheiratet war, schielte er weiterhin nach anderen Frauen und flirtete mit jeder, die ihm über den Weg lief. Sein Hauptthema war Sex. Seine Witze waren alle unter der Gürtellinie. Als ich zu ihm kam, um mit ihm darüber zu sprechen, wie mich die anderen behandelten, lächelte er nur von oben herab und meinte, dass alles halb so schlimm sei. Dann machte er anzügliche Bemerkungen über meine Oberweite, legte seine Hand auf meinen Oberschenkel und streichelte mich. Ich rutschte zurück, hatte aber wieder die innere Blockade, weil er der Sohn vom Chef war. Ich getraute mich nicht, mich zu wehren, sondern schwieg. ›Wie wäre es denn, wenn wir mal zusammen ausgehen würden? Ich lade dich zum Essen ein!‹ Ich sagte, er sei doch verheiratet und ich wolle mit keinem Mann eine Beziehung, der schon gebunden sei. ›Das ist doch keine Beziehung‹, regte er sich auf. ›Das ist ein Treffen zwischen Arbeitskollegen!‹ Ich sah ihn etwas erstaunt an, entgegnete aber nichts. Wir gingen zusammen etwas trinken. Immer wieder machte er Annäherungsversuche und sprach sogar von ganz intimen Themen. Schließlich wurde es mir zu viel und ich sagte ihm: ›Falls du auf das Eine bei mir aus bist, dann kann ich dir dazu nur sagen, dass ich mit keinem Mann vor der Ehe schlafen will.‹ Nun schien sein Eifer aber umso mehr geweckt zu sein. Er versuchte von da an erst recht mit allen Mitteln, mich herumzukriegen. Er lud mich ein, machte mir Geschenke, schrieb mir Briefe. Hinterher erfuhr ich, dass er mit seinen Kollegen eine Wette abgeschlossen hatte, ob er es schafft, mich ins Bett zu bringen – als wenn ich ein Stück Ware wäre, die man kaufen kann. Hätte ich doch bloß abgesagt und von Anfang an klare Grenzen gezogen.

An Silvester veranstaltete er mit seinen Arbeitskollegen eine Party, zu der auch ich eingeladen war. Ich wollte nicht schon wieder Außenseiterin sein und ging hin. Ich wollte ihnen auch keinen weiteren Grund geben, mich in dummen Witzen zu verspotten und zu verachten. Ich wollte dazugehören. Am Anfang ging es noch ganz anständig zu. Mich ekelte einfach, wie viel Alkohol getrunken wurde. Immer wieder boten mir die anderen auch einen Drink an. Ich lehnte ständig ab. Als sie mir zu aufdringlich wurden, ließ ich mir dann doch ein Glas einschenken. Doch kaum hatte ich es halb leer, als mir schon nachgeschenkt wurde. Ich merkte, wie mir schon nach einem Glas schwummrig wurde und dass ich mein Denken nicht mehr ganz unter Kontrolle hatte. Eine innere Stimme sagte mir, dass ich gehen solle, doch meine Höflichkeitsstimme ermutigte mich zu bleiben und kein Aufsehen zu erregen mit einem frühen Abgang. Ich lehnte aber jedes weitere Getränk ab und saß auf meinem Platz, während ich den anderen beim Tanzen zusah.

Auf einmal packten mich Hände von hinten und zerrten mich vom Stuhl. Zur viert hielten sie mich fest. Ich wusste nicht, was sie mit mir vorhatten, und versuchte, mich mit Händen und Füßen zu wehren. Sie waren natürlich stärker.

Sie schleiften mich in einen Nebenraum und zwangen mich, noch mehr Alkohol zu trinken, was ich mit allen Mitteln zu verhindern versuchte. Dann hielt einer meinen Mund auf, ein anderer kippte die Flüssigkeit hinein. Ich verschluckte mich, hustete und prustete. Es war schrecklich. Ich bekam furchtbare Angst. Neben mir stand Philipp, der Sohn vom Chef. ›Hallo Liebling‹, säuselte er und legte seinen Arm um mich. Ich ekelte mich und wich zurück. Sie befahlen mir, noch mehr zu trinken. Aus lauter Angst trank ich freiwillig. Ich wollte nicht noch einmal eine so demütigende Prozedur über mich ergehen lassen. Zu viert begannen sie dann, mich auszuziehen. Erst die Schuhe, dann die Strümpfe. Dann kamen Philipps Hände auf mich zu, griffen mir unter die Kleidung und tasteten nach meinem BH. Er versuchte, ihn aufzuknöpfen. Ich zappelte, wie ich nur konnte. Als es ihm nicht gelang, befingerte er mich überall, wo er mich erwischen konnte. Die anderen sahen ihm zu. Es war für mich so demütigend. Da rief jemand aus dem Partyraum nach Philipp. Er ließ von mir ab und ging. Endlich hatte ich eine Gelegenheit zu fliehen. Ich rannte ohne Schuhe und Strümpfe davon. Ich wollte nur noch weg, nach Hause, alleine sein ...«

Ich erzähle alles wie ein Roboter: Satz für Satz, mechanisch, leblos. Dabei starre ich vor mich hin und nage an meinen Fingernägeln. Das Zittern kommt wieder.

»... Am anderen Tag ging ich zum Arzt. Ich erzählte ihm alles. Ich wollte nicht mehr arbeiten gehen. Er schrieb mich für zwei Wochen krank, doch der Chef und sein Sohn riefen beim Arzt an und schilderten die ganze Angelegenheit so, dass Philipp sehr gut dastand und ich die Anstifterin und selbst schuld an allem war. Der Arzt glaubte ihnen mehr als mir und teilte mir mit, dass ich in einer Woche arbeiten gehen müsste. Wieder war mein Vertrauen missbraucht worden. Hatte es überhaupt noch einen Sinn, über das zu reden, was mir geschah? Oder erzählte ich es so, dass es unglaubwürdig klang? Ich wusste mir nicht anders zu helfen, als zu einer anderen Ärztin zu gehen. Ihre erste Reaktion war: ›Sie gehen dort nicht mehr hin. Ich werde Ihnen ein Arztzeugnis schreiben.‹ Ihr Verhalten half mir ein wenig. Der Chef wollte mir auf der Stelle kündigen, doch solange man krankgeschrieben ist, geht das ja nicht. Nach einem Monat entschied ich mich, in eine Klinik zu gehen. Das Arbeitsverhältnis wurde aufgelöst. Ich wollte nie mehr an diesen Ort zurück.«

»Danke für Ihr Vertrauen, Karin. Ich finde es sehr mutig von Ihnen, dass Sie mir das alles erzählen! Für heute ist es genug, denke ich. Als Aufgabe gebe ich Ihnen noch mit, dass Sie sich Gedanken machen, wie Sie vielleicht lernen können, NEIN zu sagen und Grenzen zu setzen. Welche Möglichkeiten gäbe es? Überlegen Sie: ›Was will ich?‹, ›Wie kann ich dazu stehen und das leben?‹ und ›Wo sind meine Grenzen und wie kann ich sie mitteilen?‹

Zum Schluss möchte ich Ihnen noch diesen Satz mit auf den Weg geben: Solange Sie eine Sache verschweigen, schützen Sie die andere Person, von der Sie sich bedroht fühlen, und stärken deren Machtposition. Was verschwiegen wird, behält seine Macht.

Karin, Sie sind mit Ihren schmerzhaften Männererfahrungen nicht alleine. Es gibt Tausende von Frauen, die Ähnliches erlebt haben. Das sage ich nicht, um derartige Erlebnisse zu verharmlosen, sondern um Ihnen auch Informationen zu geben, wie unsere Realität ist. Jede dritte Frau hat schon Grenzüberschreitungen erlebt. Wahrscheinlich sind es noch mehr. Die Dunkelziffer ist groß.

Auch die Bibel ist voll von Berichten über gedemütigte und ausgebeutete Menschen – auch Frauen.«

Frau Seifert schrieb eine Zeit lang konzentriert auf ihren Notizblock, dann riss sie die Seite ab und gab sie mir. Sie hatte einige Namen und Bibelstellen aufgelistet. Ich steckte den Zettel in meine Tasche, dankte ihr und verabschiedete mich.

Auf dem Heimweg gehe ich an dem Haus vorbei, in dem Claudia wohnt. Als ich läute, stimmt Alex schon ein freudiges Bellen an. Sobald ich die Leine in der Hand halte, springt er freudig an mir hoch.

Ich lüfte mich und meine Gedanken wieder beim Laufen, atme die Luft ein und versuche, den Tag und das Gespräch noch einmal in meinem Inneren vorüberziehen zu lassen. Ich bin sehr dankbar, dass ich zu Frau Seifert zur Therapie gehen kann. Ihre Art und auch die Atmosphäre tun mir gut. Und doch möchte ich nicht allzu oft zu ihr gehen. Immer noch halten mich meine alte Angst, die erlebten Enttäuschungen und das Misstrauen zurück.

Kurt fällt mir ein. Von ihm habe ich Frau Seifert gar nichts erzählt. Ich habe nicht daran gedacht und spüre auch eine innere Blockade, von ihm zu erzählen. Die ganze Sache ist mir peinlich. Andererseits will ich auch nicht aus einer Mücke einen Elefanten machen. Ich laufe weiter. Ich erinnere mich an einen Satz, den sie vorhin gesagt hat: »Solange Sie eine Sache verschweigen, schützen Sie die andere Person, von der Sie sich bedroht fühlen, und stärken deren Machtposition. Was verschwiegen wird, behält seine Macht.« Ich werde noch gründlicher darüber nachdenken. Vielleicht erzähle ich ihr bei der nächsten Sitzung doch von der Situation mit Kurt, von seinen Anrufen. Dann dränge ich den Gedanken wieder beiseite und tolle mit Alex herum.

Am Abend falle ich müde ins Bett. Es ist ein langer, anstrengender Tag gewesen. Die Nacht wird genauso anstrengend. Männer verfolgen mich in meinen Träumen. Philipp und die anderen, unbekannte – und Kurt.

Ich fahre mit Kurt zum Strand. Er ist angezogen. Ich trage nur einen Badeanzug. Ich schäme mich. Er berührt mich überall. Ich versuche auszuweichen. Renne weg. Ich renne ins Meer. Ich werde ganz nass.

Alles ist nass. Ich wache auf, schwitze stark und spüre Angst. Ich weiß, dass ich NEIN sagen muss. Schließlich greife ich wieder nach einer Schlaftablette, die mich wenigstens für ein paar Stunden in einen Betäubungszustand versetzt. Ich schlafe wie ein Stein.

Ausgeliefert

Ich sitze am geöffneten Fenster und denke über meinen Klinikaufenthalt nach. Im Nachhinein frage ich mich, was die ganze Therapie gebracht hat. Ich konnte von der Arbeit und von meinen alten Chefs Abstand gewinnen, hatte Zeit für Gespräche, bekam aber auch viel Schlimmes zu sehen. Mein Tagebuch liegt geöffnet vor mir. Ich versetze mich zwei Jahre zurück ...

»Ich verbrachte sechs Monate in einer psychiatrischen Klinik. Da habe ich sehr viel erlebt und gesehen. Im Großen und Ganzen erlebte ich diese Zeit als hilfreich, obwohl ich es kaum erwarten konnte, wieder in meine Heimat zu kommen.

Um sieben Uhr hieß es ›Aufstehen‹. Kurz darauf gab es Frühstück. Um halb neun ging das Programm los. Manche arbeiteten außer Haus in der Gärtnerei, Küche, Schlosserei, Schreinerei oder in der Werkstatt, andere hatten Ergotherapie auf der Station. Es gab auch eine zentrale Ergotherapie. Sie fand außerhalb statt. Die Gruppe war größer und man hatte viel mehr Möglichkeiten, etwas zu basteln. Zweimal in der Woche war ich bei dieser Therapie. Die übrigen Tage begannen mit einem Spaziergang, den ich hasste. Oft versteckte ich mich irgendwo, um nicht mitgehen zu müssen. Ich blieb lieber für mich allein und bastelte. Die Gruppen am Vormittag gingen bis elf Uhr. Ab halb zwölf gab es Mittagessen. Es schmeckte mir überhaupt nicht. Ich aß lieber Marmeladenbrot oder Brot, das ich in Salatsoße tunkte. Die Gruppen gingen am Nachmittag um halb drei weiter. Ich hatte nebenbei noch Physiotherapie und Rückenschule. Das tat mir gut. Bei der Massage konnte ich ziemlich gut abschalten. Manchmal war es unangenehm, von einer fremden Person berührt zu werden, manchmal tat es gut. Um halb sechs gab es schon wieder Abendessen.

In der Klinik ging es vor allem um das Thema Schlafen. Ich schlief dort sehr viel und wäre manchmal am liebsten den ganzen Tag im Bett geblieben. Mir wurde vorgeschrieben, wann ich ins Bett gehen durfte und wann ich wieder aufstehen musste. Die Begründung war, dass das Bett zum Schlafen und nicht zum Lesen da sei. Ich habe nämlich am liebsten im Bett gelesen, was ich schon von klein auf gerne tat. Diese Einschränkung machte mir ziemlich zu schaffen.

Außerdem hatte ich keine große Lust, irgendetwas zu unternehmen. Ich war viel zu müde. Von den Medikamenten spürte ich vor allem die Nebenwirkungen und hatte auch das Gefühl, vergesslich zu werden. Ich wurde nicht ernst genommen. Das würde nicht auf dem Beipackzettel stehen. Na toll!

Was mich sehr anstrengte, waren vor allem die Gespräche mit dem Psychiater, die ich zweimal pro Woche hatte. Es kostete mich viel Kraft, mich mit meinen Problemen auseinander zu setzen. Aber ich konnte nicht fliehen. Ich fühlte mich von dem Therapeuten oft nicht ernst genommen. Meines Erachtens ging er zu wenig auf meine Probleme ein. Das Stichwort Missbrauch überhörte er schlichtweg. Von da an sagte ich nichts mehr über dieses Thema. Ich hatte das Gefühl, dass wir aneinander vorbeiredeten. Manchmal ging es mir nach einem solchen Gespräch erst recht schlecht. Manchmal rannte ich anschließend fuchsteufelswild in mein Zimmer zurück und reagierte meine Aggressionen an der Wand oder an den Möbeln ab, indem ich dagegen schlug oder trat.

Neben dem Psychiater hatte jeder Patient eine Bezugsperson unter dem Pflegepersonal. Mir wurde ein Mann zugeteilt. Eigentlich hätte ich lieber eine Frau gehabt, aber immerhin war er Christ. Wir redeten oft über Gott, über das Warum. Ich fühlte mich ernst genommen. Der Pfleger half mir beim Loslassen von zu Hause. Er sagte mir, dass ich keine Verantwortung für die Beziehung meiner Eltern trage, dass sie selbst für sich verantwortlich seien, ebenso wie ich für mein Leben selbst die Verantwortung übernehmen müsse. Während des Klinikaufenthalts fuhr ich fast nie zu meinen Eltern, ich wollte bewusst Abstand bekommen. Meine Eltern kamen nur, wenn ich sie darum bat. Von sich aus ergriffen sie keine Initiative, schienen auch kein Interesse an mir zu haben – eine weitere Verletzung. Ich war oft traurig über diesen Zustand, vor allem darüber, dass meine Eltern nicht merkten, wie sehr ich sie gebraucht hätte. Sie sagten weder Verwandten noch Bekannten, dass ich in einer Klinik war. Sie schämten sich für diese ›Blamage‹. Vielleicht fühlten sie sich auch schuldig, dass ich in einer ›Klapsmühle‹ gelandet war. An den Wochenenden fuhr ich meistens zu Freunden.

Am Abend saßen wir Patienten meistens im Wohnzimmer der Station, sahen fern, redeten. Oft lachten wir und machten Witze über die Therapeuten. Das tat gut. Manchmal kam die Nachtschwester und schickte uns ins Bett, weil es schon sehr spät war.

Manche Patienten waren schlimm dran. Ein sechzehnjähriges Mädchen hatte schon viel mitgemacht. Sie litt an allem, was ich mir vorstellen konnte: Essstörungen, Selbstverletzung, Depressionen, Verfolgungsangst, Selbstmordversuche. Sie wollte nicht mehr leben. Immer wieder probierte sie etwas Neues aus, um ihrem Leben ein Ende zu setzen. Einmal hatte sie einen Teelöffel geschluckt, ein anderes Mal Nagellackentferner getrunken. Das machte mich sehr nachdenklich, aber ich verstand sie sehr gut. Ich versuchte ihr auch zu helfen, fühlte mich für sie mitverantwortlich – genauso wie für meine Eltern.

Eines Tages entdeckte ich einen Abschiedsbrief von ihr in meinem Zimmer. Ich bekam Panik und schrie durch die ganze Station. Wir suchten sie überall. Zum Glück wurde sie von der Polizei gefunden. Sie kam gleich ins Krankenhaus ...«

Ich unterbreche mein eifriges Schreiben. Was hat mir in der Klinik eigentlich geholfen? Habe ich etwas gelernt? Ein Stück weit lernte ich, meine Wut hinauszulassen, die ich vorher immer hinuntergeschluckt hatte, zu schreien, zu rebellieren, was ich früher nie konnte. Ich lernte, ab und zu meine Meinung zu sagen. Manchmal gelang es mir auch zu sagen, was ich wollte, und mich zu wehren – aber nicht immer.

Und noch etwas fällt mir ein, das mich peinlich berührt.
»Während meines Klinikaufenthaltes kam auch ich ins Spital. Seit längerer Zeit hatte ich während meiner Menstruation starke Schmerzen im Unterleib. Die Tage wurden regelrecht zur Qual. Mit meiner Bezugsperson von der Klinik ging ich schließlich zu einer Frauenärztin. Sie untersuchte mich. Das war erniedrigend für mich und ich schämte mich. Ich verstehe nicht, wie man so etwas überhaupt als Beruf ausüben kann. Ich hätte mich fast übergeben müssen. Die Ärztin meinte, mein Jungfernhäutchen sei zu eng. Von dort kämen die starken Schmerzen. Man könnte das Problem entweder durch Geschlechtsverkehr lösen, doch würde das

auch sehr wehtun – oder durch einen operativen Eingriff. Außerdem erklärte sie uns, dass vor allem Frauen, die missbraucht worden seien, derartige Probleme hätten. Die Verengung käme durch die ständige Anspannung und das Verklemmen. Den Rest hörte ich nicht mehr. In meinen Gedanken wanderte ich in die Vergangenheit, und mein Hass auf Männer wuchs. Ich dachte nur noch: ›Ihr Scheißkerle! Wenn ihr mir das nicht angetan hättet, dann müsste ich mich jetzt nicht operieren und von anderen Leuten anfassen lassen.‹ Der Eingriff war schrecklich. Von der Operation bekam ich nichts mit, doch die Vorstellung, was sie da mit mir gemacht hatten, quälte mich und machte mich fast verrückt. Ich fühlte mich erniedrigt und erneut missbraucht. Dann kam noch eine Pilzinfektion dazu. Ich war seitdem nicht mehr beim Gynäkologen, weil ich mich zu sehr schäme. Lieber ertrage ich den Juckreiz und die Schmerzen im Unterleib, als dass mich noch einmal jemand so sieht oder mich so erniedrigt.«

Ich überdenke meinen Klinikaufenthalt noch einmal rückblickend: Habe ich während der Therapie wirklich für die Praxis im Alltag gelernt, Nein zu sagen? NEIN. Ich erinnere mich an die Aufgabe, die mir Frau Seifert nach dem letzten Gespräch mitgegeben hat: Wie kann ich lernen, NEIN zu sagen? Ja, wie?

Ich könnte mich vor den Spiegel stellen und laut und selbstsicher NEIN sagen – bei mir selbst fällt es mir wahrscheinlich am leichtesten. Ich gehe vor den Spiegel, betrachte mein Bild darin und sage: NEIN! Klingt komisch. Viel zu unsicher. Ich muss lachen. Lächerlich!

Vielleicht könnte ich mir ab sofort Bedenkzeit erbitten. Wenn jemand etwas von mir will, könnte ich erst einmal sagen, dass ich mir das Ganze noch ein paar Tage lang überlegen möchte und dann Bescheid gebe. Die Idee gefällt mir!

Vielleicht könnte ich versuchen, zu Männern körperlich

Abstand zu halten. Wenn es zu brenzlig wird, könnte ich fliehen, falls ich meine Beine noch bewegen kann.

Meine Ideen überzeugen mich nicht so ganz, außer der mit der Bedenkzeit.

Während ich noch überlege, läutet das Telefon.

»Hallo, hier ist Kurt.«

»Hallo.« Die altbekannte Lähmung und Angst kommen kriechend in mir hoch.

»Ich schlage vor, dass wir heute mal ein Datum abmachen, an dem wir ausfahren können. Wie sieht es bei dir aus? Das Wetter soll in den nächsten Tagen prächtig sein.«

Ich bekomme Herzklopfen, mein Puls wird schneller. Ich weiß nicht, was ich sagen soll, und stammle etwas in den Hörer:

»Ich habe meinen Arbeitsplan noch nicht und weiß noch gar nicht, wann ich frei habe.«

»Ach, das können wir auch gleich anschließend nach der Arbeit machen. Ich hole dich ab.«

Ich fühle mich überrumpelt und weiß erst nicht, was ich sagen soll. Dann fällt mir meine Idee von vorhin wieder ein und ich stammle in den Hörer:

»Ich muss mir das noch einmal überlegen und gebe dir dann Bescheid.«

Ich merke, wie Kurt am anderen Ende der Leitung ungeduldig wird, aber er reißt sich zusammen und sagt: »Ist gut. Ich warte dann also, dass du dich meldest! Mach's gut!«

Geschafft. Was soll ich mir nun überlegen? Ich getraue mich wieder einmal nicht, ihm von Anfang an klar Nein zu sagen. Ich grüble. Ich muss auch an die Träume der letzten Nächte denken, in denen Kurt vorkam und die ich als Warnungen interpretiert habe.

Schließlich greife ich zum Telefonhörer, rufe ihn noch einmal zurück und sage ihm ab.

Doch kaum habe ich aufgelegt, meldet sich das schlechte

Gewissen bei mir. Ich habe auf einmal das Gefühl, frech zu Kurt gewesen zu sein. Ich habe Angst. Schließlich sitzt er am längeren Hebel. Er hat Beziehungen zu meinem Chef. Vielleicht rächt er sich an mir, weil ich NEIN gesagt habe.

Wieder grüble ich. Grüble auch noch in der Nacht.

Am anderen Morgen – es ist Sonntag – rufe ich noch einmal bei Kurt an.

»Schäfer?« Eine Frauenstimme meldet sich.

Ich bin so überrascht, dass ich erst gar nicht weiß, was ich sagen soll.

»Guten Tag, ich wollte fragen, ob Ihr Mann zu Hause ist.« Ich warte und merke, dass meine Hände zittern.

»Nein. Kann ich ihm etwas ausrichten? Wer sind Sie überhaupt?«

»Karin Huber. Ich kenne Ihren Mann vom Geschäft her. Vielleicht kann er mich zurückrufen.«

Dann gebe ich ihr meine Nummer.

Es dauert kaum eine Stunde, bis der Rückruf kommt.

»Na«, haucht er in den Hörer, »was gibt's, Kleines?« Seine Anrede treibt mir ein Ekelgefühl in den Magen. Trotzdem entschuldige ich mich.

»Ehm, ich wollte mich entschuldigen, dass ich gestern so kurz angebunden war und abgesagt habe. Bist du mir jetzt böse?«

Seine Stimme wird sanft und er versucht, mich zu beruhigen.

»Aber nein, ich kann dir doch nicht böse sein! Ich war etwas enttäuscht, aber du bist frei zu entscheiden. Ich will doch kein so charmantes Mädchen wie dich zu irgendetwas zwingen!«

Mir sind seine Komplimente peinlich, und so versuche ich schnell abzulenken:

»Von mir aus können wir schon mal zusammen eine Ausfahrt machen.«

»Ist das dein Ernst? Wann hast du Zeit? Hättest du sogar jetzt schon Lust? Ich habe nichts vor. Alle meine Zeit gehört dir!«

»Okay, ich bin einverstanden«, höre ich mich sagen.

Kurt atmet am anderen Ende der Leitung schwer, und ich zweifle, ob die Rücknahme meines Korbes und stattdessen die Zusage eine richtige Entscheidung gewesen ist. Andererseits sage ich mir, dass er vielleicht endlich aufhört, mich ständig zu fragen, und dass er mich dann vielleicht in Ruhe lässt.

Am Nachmittag klingelt er an meiner Wohnungstür. Ich bin aufgeregt, habe Herzklopfen. Sein knallrotes Cabriolet steht vor dem Haus. Es gefällt mir. Kurt öffnet mir die Autotür und bietet mir wie ein Kavalier den Gurt an. Wir fahren los. Vielleicht ist er gar nicht so schlimm. Vielleicht mache ich mir zu viele Sorgen. Was ist schon dabei, eine kurze Spazierfahrt zu machen? Kurt ist fröhlich, macht Witze – nicht unter der Gürtellinie. Er erzählt von sich. Langsam taue ich auf und beginne auch zu erzählen. Ich korrigiere meine Meinung über ihn. Er scheint anständig zu sein. Ich erkundige mich auch nach seiner Frau, doch er weicht aus. Sie müsse heute Nachmittag arbeiten, sie sei Krankenschwester. Ich frage nicht weiter. Wir gehen in eine Gaststätte. Er lädt mich zu einem Drink ein. Doch Alkohol lehne ich ab. Ich nehme einen Kaffee. Dann geht es weiter. Kurt will mir noch eine schöne Stelle mit wunderbarer Aussicht zeigen. Ich vertraue ihm und lasse mich dorthin fahren, wo er will. Ich genieße gerade den Fahrtwind, als ich seine Hand auf meinem Oberschenkel spüre. Sie streichelt hin und her. Ich versuche, ein Stück zur Seite zu rücken. Er nimmt die Hand wieder weg. Doch wenig später liegt sie wieder auf meinem Bein. Er streicht weiter nach oben. Ich bekomme Angst und habe Mühe zu atmen. »Warum sagst du nichts?«, fragt es in mir. Eine andere Stimme drängt sich vor: »Immerhin hat er dir einen Kaffee spendiert. Da solltest du nicht frech werden!«

»Aber das geht zu weit!«, schaltet sich die andere Stimme wieder ein. Ich bin hin und her gerissen. Letztlich entschließe ich mich zu schweigen – schon wieder. Mein Unbehagen wächst. Zwischendurch nimmt er auch noch meine Hand in die seine, streichelt und drückt sie.

Kurt parkt seinen Wagen am Waldrand. Jetzt nimmt mein Herzklopfen noch zu.

»Wo, wo gehen wir hin?«, stammle ich.

»Hey, keine Angst, Kleine. Ich will dir doch nur die schöne Stelle zeigen, sonst nichts! Ein kleiner Spaziergang kann nichts schaden.«

Kurt holt ein paar Decken aus dem Auto und ist startbereit.

»Wofür brauchen wir denn die Decken?«, frage ich misstrauisch.

»Na, zum Draufsitzen!« Kurt verliert langsam die Geduld. Er ist komisch, hat es plötzlich eilig.

Zögernd folge ich ihm. Wir gehen den Weg entlang. Ich laufe rechts von ihm. Er klemmt die Decken unter seinen linken Arm und hat nun seine Rechte frei. Er kommt sehr nah zu mir. Ich gehe einen Schritt weiter nach rechts, bin aber schon am Wegrand. Schließlich kann ich nicht mehr ausweichen. Er legt seinen Arm um mich.

»Ich will das nicht!«, sage ich schüchtern.

»Ach komm, das gehört einfach dazu!«, raunt er mir ins Ohr.

Zu was? Ich fühle mich in der Falle.

Wir gehen weiter.

Nun ertastet er meine Hand, und so laufen wir Hand in Hand wie ein Liebespaar den Waldweg entlang. Niemand kommt uns entgegen. Ich fühle mich allein. Ich will hier weg. Aber ich sage nichts, ich tue nichts. Ich ergreife nicht die Flucht. Ich setze dem Ganzen kein Ende. »Wieso nicht?«, schreit es in mir. Willenlos lasse ich mich dahin führen, wo Kurt will. Ich ekle mich vor ihm.

Endlich sind wir da. Es ist eine kleine Lichtung. Kein wunderschöner Ausblick, wie er mir versprochen hat. Kurt legt die Decken auf den Waldboden. Die Vögel pfeifen unbeschwert, als wollten sie mir meine Zweifel und Ängste nehmen. Kurt setzt sich und zieht mich zu sich auf die Decke. Ich bin völlig verkrampft. Ob er mir etwas antut, wenn ich nicht tue, was er mir sagt? Doch ich habe keine Zeit mehr zum Überlegen, denn schon kniet er sich neben mich hin und drückt mich auf den Boden. Ich bin in der Falle. Wie eine gefangene Maus, die wegen eines kleinen Stückchens Speck in die Falle gegangen ist. Er zieht mir die Brille ab und streift mit seiner rechten Hand mein T-Shirt über meinen Oberkörper. Ich versuche, es wieder zurückzuziehen, doch er hält es fest.

»Kleines, keine Angst. Du wirst sehen, wie schön das ist«, flüstert er mir mit belegter Stimme zu. Sein Atem ist beschleunigt. Ich wage vor Angst kaum zu atmen.

Er zieht das T-Shirt noch weiter hoch und auch den BH über die Brüste; dann öffnet er den BH von hinten. Ich fühle mich entblößt, nackt, gedemütigt und schäme mich.

Dann drückt mir der Kerl die Augen zu und kommt mit seinem Mund ganz nah. Er küsst mich, auch mit der Zunge. Ich versuche, den Mund zuzupressen, doch er hat mich in der Gewalt. Mit der anderen Hand öffnet er meinen Mund. Es ist eklig, wie er mich küsst. Dann zieht er mich über seinen runden Oberkörper, so dass ich mit meinem Bauch auf ihm liege. Ich will das nicht und versuche, mich zu wehren. Stück für Stück drücke ich mich von seinem Körper herunter und setze mich neben ihn. Mein T-Shirt streife ich schnell wieder herunter.

Er setzt sich auch auf, knöpft sein Hemd auf, zieht es aus. Dann legt er sich auf die Seite und zieht mich neben sich.

Mit der linken Hand hält er meinen Nacken fest, mit der rechten streift er wieder das T-Shirt hoch. Dabei schmeichelt er mir wiederholt:

»Kleine, jetzt kannst du endlich kennen lernen, was schön ist. Komm, sei nicht so verkrampft. Ich tue dir nicht weh ...!«

»Ich will das nicht!«, sage ich ihm leise und mit zitternder Stimme.

»Ach, das Spiel mit der Liebe ist schön. Du musst es nur zulassen! Oder schämst du dich etwa?« Seine Stimme klingt überzeugt und fest.

Ich sage leise: »Ja.«

Er lacht nur und sagt: »Jetzt pass mal auf, was ich mache!«

Ich schweige wieder. Mir ist übel. Der Ekel nimmt zu.

Er legt sich halb auf mich. Panik überkommt mich. Ich habe keine Chance, ihn abzuschütteln. Er hält mich so fest, dass ich mich nicht wehren kann. Was, wenn er mich jetzt vergewaltigt? Ob ich es wagen kann, mich heftiger zu wehren, oder wird er mich dann umbringen? Der Selbstverteidigungskurs ist vergessen. Mein Kopf ist wie leer, mein Körper kraftlos.

Wieder und wieder versuche ich, mein Hemd herunterzuziehen und dem Ganzen ein Ende zu machen.

Dann küsst er mich und befiehlt mir, ihn auch zu küssen.

Endlich sage ich so fest, dass ich über mich selbst erstaunt bin: »Ich will jetzt heimgehen!«

Er schaut mich an, küsst mich noch einmal. Dann schließt er meinen BH wieder, zieht endlich mein T-Shirt herunter und gibt mich frei.

Der Weg zurück zum Auto erscheint mir endlos. Ich sage kein Wort. Er streichelt mir immer wieder über die Schulter und legt seinen Arm um mich. Im Auto fragt er mich, ob ich ihm böse sei. Ich getraue mich nicht, meine Wut zuzugeben, und gebe eine ausweichende Antwort. Ich bin böse. Ich hasse ihn. Ich bin enttäuscht von ihm, dass er mich so ausgenutzt hat.

»Wirst du jemandem davon erzählen?«, fragt er mich nach einer Weile.

»Natürlich«, versuche ich ihn einzuschüchtern, bin mir aber nicht so sicher, ob ich mit jemandem darüber sprechen kann.

Wieder spüre ich seine Hand auf meinen Oberschenkeln. Wieder lasse ich es zu.

Endlich ist die Horrorfahrt in seinem Cabriolet zu Ende. Er will noch mit in meine Wohnung kommen. Wenn ich jetzt nicht Nein sage, bin ich ihm hilflos ausgeliefert. In mir kämpft es. Endlich lehne ich höflich ab, schließe die Haustür auf, renne die Treppe hoch und verschanze mich in meiner Wohnung. Dann muss ich mich übergeben. Ich putze die Zähne, mache mir einen Tee, doch das Ekelgefühl bleibt.

Ich ziehe frische Sachen an. Die Kleider, die ich bei der Ausfahrt getragen habe, werfe ich in den Wäschekorb. Dann halte ich einen Moment lang inne und hole das T-Shirt und den BH wieder heraus. Beides schneide ich schluchzend in Stücke und stecke die Stoffreste in den Müllsack, damit sie mich nicht mehr an das erinnern können, was passiert ist. Doch selbst wenn ich mein Äußeres desinfiziere oder abschüttle, es bleibt, sitzt mir im Nacken, drückt mir im Magen, quält meine Seele: ein schmutziges, ekliges, besudeltes, gedemütigtes Gefühl. Alles kommt mir wie ein Albtraum vor, den ich bewusst erlebe und aus dem ich nicht aufwachen kann. Ich bin wie betäubt. Wieder muss ich erbrechen.

Meine Wohnung ist hell erleuchtet. Ich liege mit einer Bettflasche unter der Decke, schlürfe einen heißen Tee und versuche, einen Roman zu lesen. Ich lese einen Satz, doch kaum haben meine Augen die Buchstaben erfasst, muss ich ihn noch einmal lesen, weil ich den Inhalt nicht aufgenommen habe. Wieder und wieder versuche ich zu verstehen, was ich lese. Ich schaue genauer hin, strenge mich an, starre auf die Buchstaben. Sie verschwimmen vor meinen Augen.

Ich wandere zurück zu der Lichtung und zu dem, was ich dort erlebt habe. Wie in einem Film läuft alles noch einmal vor meinem inneren Auge ab. Es passiert nicht wirklich, aber ich fühle jede Berührung, ich spüre die Gewalt, den Druck, die Angst, ich bekomme kaum Luft. Ich will schreien, aber meine Kehle ist wie zugeschnürt. Der Schweiß bricht mir aus. Kurt macht sich über mich her. Ich spüre nichts als Ekel. Mein Körper scheint körperlos zu sein. Ich schwebe, gehe weg aus meinem Körper, weg von der Lichtung. Was dort passiert, nehme ich wie von weitem wahr, als wenn nicht ich diejenige bin, die dort auf der Decke liegt. Ich schwebe zu einem hellen, warmen Ort, an dem ich mich sicher fühle, und schalte alle Stimmen und Sinnesorgane aus. Alles ist weit weg. Ich weiß nicht mehr, wo ich bin. Ich schwebe körperlos und spüre einen Moment lang gar nichts.
Dann liege ich wieder auf der Decke im Wald und erlebe Gewalt. Ich lasse über mich ergehen, was geschieht – willenlos, gefühllos, körperlos. Mir ist übel. Ich renne ins Bad, um erneut zu erbrechen.

Die Nacht wird schlimm. Immer wieder muss ich mich übergeben. Alles, was meine Seele geschluckt hat, kommt aus dem Magen wieder heraus. Ich will nicht schlafen, will die Kontrolle nicht verlieren. Will mich nicht Albträumen und Ängsten überlassen. Ich will wach bleiben, will mich auch nicht der Betäubung durch Schlafmittel hingeben. Heute nicht.

So sitze ich aufrecht im Bett, versuche mich abzulenken und das, was war, zu unterdrücken. Ich denke an die letzte Aufgabe von Frau Seifert und dass ich mir überlegt habe, wie ich NEIN sagen kann. Und kurz darauf erlebe ich wieder, dass ich nicht NEIN sage, sondern willenlos zulasse, wovor ich mich fürchte. Was sollte das Ganze? Wie kann ich jemals lernen, Männern gegenüber Grenzen zu setzen?

In den nächsten Tagen geht es mir schlecht. Ich getraue mich nicht, Frau Seifert anzurufen, weil ich mich zu sehr schäme. Vielleicht macht sie mir Vorwürfe. Vielleicht versteht sie nicht, wie so etwas wieder passieren konnte. Gerade habe ich ihr von meinen Erfahrungen mit Männern erzählt, und nun das. Ich verstehe mich selbst nicht mehr. Was soll ich ihr sagen?

Bei der Arbeit geht alles schief. Ich bin unkonzentriert und werde ständig kritisiert. Alles rauscht an mir vorbei. Ich nehme weder die anderen noch das, was ich tue oder was geschieht, richtig wahr. Ich bin innerlich abwesend. Bin noch immer nicht aus dem Albtraum erwacht. Manchmal kann ich kaum die Tränen unterdrücken und verschwinde ein paar Mal hintereinander in der Toilette, was die anderen wiederum zu dummen Sprüchen reizt.

Ich bin innerlich und körperlich blockiert. Mein Magen ist zu. Ich kann nichts essen, muss viel erbrechen. Sobald der äußere und innere Druck zu groß wird und ich zu viel Belastendes erlebt und geschluckt habe, kommt automatisch alles raus. Ich erbreche Schleim und Galle, weil nichts mehr im Magen ist. Ich weine viel und versuche tagsüber wann immer möglich zu schlafen, um zu vergessen. In den Nächten liege ich wach oder beschäftige mich, um mich abzulenken. Ich putze nachts die Wohnung blitzblank, schrubbe wie besessen, suche überall nach Schmutz, den ich eliminieren will. Ich fühle mich schmutzig, ekle mich vor mir selbst. Ich schüttle mich, zittere am ganzen Körper. Dann schlage ich auf meinen Körper ein, der so schmutzige Sachen mit sich machen lässt – die ich immer wieder zulasse. Ich hasse ihn. Der Ekel überrollt mich. Am liebsten würde ich baden, ganz untertauchen und mich von Kopf bis Fuß abschrubben, damit ich mich sauber fühle. Ich bade nie. Ich dusche auch nicht. Ich kann es nicht ertragen, splitternackt zu sein – nicht einmal vor mir selbst. Ich denke dann, die Nachbarn stellen sich vor, wie ich in der Badewanne liege, wie ich nackt bin, wenn sie das Wasser rauschen hören. Manchmal getraue ich mich auch kaum, auf die Toilette zu gehen. Vielleicht stellen sich andere vor, was ich da gerade mache. Das ekelt mich. Ich will nicht, dass jemand weiß, dass ich auf dem WC sitze. Bevor ich ins Bad gehe, lausche ich angestrengt, ob ich über oder unter mir ein Geräusch höre. Erst wenn die Luft rein ist, tue ich, was ich nicht mehr vermeiden kann. Im Zug, in einem Restaurant oder bei anderen Leuten gehe ich nie auf die Toilette. Meistens komme ich mit Bauchschmerzen nach Hause, weil meine Blase stundenlang ihren Inhalt zurückhalten musste.

Ich wasche mich, so gut es geht, am Waschbecken, Stück für Stück, und schäme mich noch mehr für meinen Körper, für das, was geschehen ist. Ich will es rückgängig machen, kann es aber nicht.

Ich könnte laut hinausweinen.
Was nützt mir die Sonne, die Natur, wenn es mir so schlecht geht?
Ich leide und ich habe das Gefühl, die ganze Welt hasst mich.
Alles, was ich tue und mache, ist falsch.
Meine Angst wächst zu einem unüberwindbaren Berg.
Was mache ich, wenn die Welt erfährt, was mit mir geschehen ist?

Als ich nach etwa einer Woche wieder im Geschäft bin, tuscheln die anderen hinter meinem Rücken. Auch das noch, denke ich, und versuche, mir nichts anmerken zu lassen. Verbissen arbeite ich weiter an meiner Torte und bin so vertieft, dass ich regelrecht aufschrecke, als mich ein Arbeitskollege von der Seite anspricht.

»Hey, musst ja nicht gleich erschrecken und erst recht keine Angst haben. Ich tu dir doch nichts!«

Ich laufe rot an.

»Sorry, was hast du mich gefragt? Ich habe es nicht mitbekommen«, entschuldige ich mich.

»Stimmt es, dass du vergewaltigt worden bist?«

»Wie kommst du denn darauf?« Ich bin entsetzt und spüre, wie mir die Röte ins Gesicht schießt. Haben andere etwas mitbekommen von dem, was passiert ist?

»Das wird hier rumerzählt. Keine Ahnung, wer damit angefangen hat. Ich dachte einfach, ich frage dich, ob das stimmt.« Er zuckt mit der Schulter.

»Nein, es stimmt nicht!«, sage ich leise und bekomme eine noch dunklere Gesichtsfarbe.

»Einfach, damit du Bescheid weißt: Auch der Chef weiß von der Geschichte.« Er geht wieder an seinen Platz und tut so, als ob wir gar nicht miteinander geredet hätten. Ich stehe verdattert da und muss mich zuerst einmal hinsetzen. Ich kann es kaum fassen.

Dann entschließe ich mich, zum Chef zu gehen und mit ihm über das zu reden, was wirklich passiert ist. Immerhin kennt er Kurt auch persönlich.

Mein Chef hört sich die Geschichte an.

»Hm, und du meinst, dass du selbst kein bisschen zu dem beigetragen hast, was da abgelaufen ist?«

Das ist doch wohl die Höhe! Schon wieder wird so getan, als sei ich die Täterin und selbst schuld an allem.

»Ich weiß, was geschehen ist! Ich glaube sogar, dass ich Kurt anzeigen werde.«

»Na, nicht so voreilig! Lass das lieber mal bleiben. Das bringt nur weitere Probleme. Wenn du willst, rede ich mit Kurt, er soll sich bei dir entschuldigen.«

Entschuldigen? Und dann glaubt er, alles sei wieder gut, als wenn nie etwas geschehen sei? Der hat Nerven. So schimpfe ich in meinem Inneren.

»Mach dir nichts draus! Immerhin hat er dich nicht vergewaltigt, so dass du keine Angst haben musst, schwanger zu werden!«, versucht mein Chef mich zu beruhigen. Dabei legt er mir die Hand auf die Schulter.

Soll das ein Trost sein? Ich bin schon wieder angewidert und fühle mich von allen nicht ernst genommen. Muss man vergewaltigt und davon schwanger werden, damit die Umwelt wahrnimmt, dass da etwas Schlimmes geschehen ist?

Als ich wieder an meiner Arbeit bin, bringe ich kaum noch etwas so hin, wie es sein sollte.

Der Chef kommt ab und zu vorbei und schaut nach mir. Er stellt sich hinter mich und schaut mir über die Schultern. Einmal streicht er mir über den Hintern. Ein anderes Mal, als die anderen schon in die Pause gegangen sind, streichelt er sogar von hinten meine Brüste. Ich verliere fast die Nerven. Jetzt reicht es mir. Die beiden stecken wohl unter einer Decke. Vielleicht will er darum nicht, dass ich Anzeige erstatte, damit er das Gleiche bei mir machen und mich ständig betatschen kann. Als er wieder weg ist, packe ich meine Sachen und gehe – direkt zur Ärztin.

Ich bitte sie, mich krankzuschreiben, schildere ihr meinen körperlichen Zustand seit etwa einer Woche. Sie fragt nicht nach dem Grund, sondern schreibt die Krankmeldung. Ich bin erleichtert.

Zu Hause angekommen, sitze ich noch eine Weile aufrecht im Bett. Vorhin habe ich zwei Schlaftabletten geschluckt und warte nun auf ihre Wirkung. Ich schaue auf meinen Nachttisch. Da liegt meine Bibel. Ein Buch voller Geschichten und Lobeshymnen auf Gott. Mir ist nicht danach zumute, Gott zu loben. Ich fühle mich auch von ihm im Stich gelassen. Ich habe keine Lust, in der Bibel zu lesen, und erst recht nicht, mich mit diesem Gott auseinander zu setzen, der so etwas zulässt. Die leise Ahnung, dass ich ja eigentlich die ganze Situation selbst zugelassen habe, macht mich nur noch wütender. Mit einem heftigen Ruck werfe ich das heilige Buch auf den Boden und starre darauf. Ich spüre Wut in mir, dass ich nicht NEIN gesagt habe, aber auch Scham- und Schuldgefühle für das, was geschehen ist. Ja, ich fühle mich schuldig – selbst schuld an dem, was mir passiert ist. Ekel vor dem Täter und Ekel vor mir selbst schüttelt mich. Ich will ihn abschütteln, aber er bleibt.

Dann lege ich mich hin und falle endlich in einen unruhigen Schlaf. Die Schuldgefühle nehme ich mit.

Draußen regnet es in Strömen. Ich sitze mit meiner Schwester vor dem Fernseher. Ich hasse Fernsehen, aber ich weiß nicht, was ich sonst tun soll. Viel lieber würde ich mit meiner Schwester zusammen sein, reden, etwas machen. »Komm, wir gehen in mein Zimmer«, schlage ich ihr vor. »Das Programm ist nicht gut!« Dorothea schaut noch einen Moment lang, dann schaltet sie ab. Sie schaut wohl auch nur aus Langeweile. Als wir im Zimmer sind, schließe ich hinter uns ab, so dass niemand hereinkommen kann. Ich habe Angst, dass jemand hereinschaut und uns erwischt. Wobei?

Ich schlage meiner Schwester vor: »Komm, wir ziehen uns aus und legen uns ins Bett!« Eine verrückte Idee, aber sie reizt mich. Wir ziehen uns aus. Ich wundere mich über meine Schwester, dass sie mir so willig folgt. Ich habe ja nur einen Vorschlag gemacht, sie aber zu nichts gezwungen. Sie könnte jederzeit NEIN sagen. Sie tut es nicht. Wir ziehen die Kleider aus, stehen beide nackt da und schämen uns ein wenig voreinander. Unter der Bettdecke ist die Scham nicht so stark. Da ist ja immerhin die Decke über uns. Wir sehen nicht mehr viel.

Dann kommt meine nächste verrückte Idee: »Berühre jetzt meine

Brüste und spüre mal, wie das ist!« Meine Schwester hat Hemmungen. Sie zögert. Ich merke, wie Schamgefühl und Neugierde miteinander kämpfen. Schließlich nehme ich ihre Hand und führe sie an meine Brüste. Meine Schwester sagt nicht NEIN, und ich nutze die Situation aus. Ich spüre nicht viel, aber meine Neugierde ist befriedigt. Ein anderes Gefühl macht sich in mir breit, zuerst nur ein wenig, dann immer stärker. Es kommt immer näher: Scham. Ich springe aus dem Bett und ziehe mich wieder an. Meine Hände zittern. Auch meine Schwester schlüpft in ihre Kleider. Ich merke, wie peinlich ihr das Ganze ist. Sie sagt aber kein Wort. Die Scham erfüllt mich ganz, sitzt mir im Genick, verfolgt mich überallhin. Was habe ich getan? Ich schäme mich dafür, dass ich meine Schwester dazu verführt habe, meine Brüste zu berühren. Ich schäme mich auch, dass ich einer verrückten Idee einfach so nachgegeben habe. Am Abend kann ich nicht einschlafen, sondern wälze mich hin und her. Das schlechte Gewissen plagt mich und raubt mir den Schlaf. Ich rede mit niemandem darüber. Auch meine Schwester schweigt. Aber schließlich hat sie nicht NEIN gesagt, was sie jederzeit hätte tun können!

Gott, wo bist du?

Seit dem Ereignis im Wald gehe ich nicht mehr ans Telefon, sondern warte zuerst, wer auf den Anrufbeantworter spricht. Dann entscheide ich, ob ich abnehme oder nicht. Ich habe zu große Angst, dass sich Kurt noch einmal bei mir melden könnte.

Auch Frau Seifert ruft an, doch ich habe nicht den Mut abzunehmen. Sie spricht mir Folgendes aufs Band:

»Karin, ich habe den Eindruck, dass es Ihnen schlecht geht. Bitte melden Sie sich bei mir. Sie dürfen auch jederzeit vorbeikommen.«

Kann diese Frau Gedanken lesen?

Ich melde mich nicht bei ihr. Ich kann nicht. Nein, ich will nicht. Es ist mir zu peinlich, über das, was geschehen ist, zu sprechen.

Dafür rufe ich Claudia an und frage sie, ob ich mit ihrem Hund spazieren gehen kann. Das mache ich nun fast täglich und es hilft mir ein wenig.

Ich laufe mit Alex nicht den üblichen Weg. Der Wald hat jetzt etwas Unheimliches. Ich wähle den Weg über die Felder. Die Weite tut mir gut, nicht die Enge des Waldes. Ich laufe schnell, renne auch kurze Abschnitte, versuche mich auf Alex zu konzentrieren. Zwischendurch gelingt es mir, dann bin ich wieder in dem Albtraum gefangen. Das Scham- und Ekelgefühl, die Angst, das Gefühl, schmutzig zu sein, die Demütigung stecken mir wie ein dicker Kloß in Brust und Hals und drücken mir auf die Atmung. Ich halte den Druck fast nicht aus, aber wie soll ich ihn herauslassen? Ich blicke mich nach allen Seiten um. Niemand sonst geht spazieren. Ich bin alleine mit Alex. Vor ihm habe ich keine Hemmungen. Erst zaghaft, dann immer lauter beginne ich zu schreien. Ich schreie heraus, was mich so drückt und mir fast die Luft wegnimmt. Ich schreie, während ich an das Geschehene denke. Ich schreie wie eine Wahnsinnige, wenn ich an Kurt denke. In mir brodelt die Wut, der Hass. Ich möchte mich am liebsten an ihm rächen, aber wie? Ich weiß, dass mir letztlich doch der Mut fehlen würde. Rache passt außerdem nicht zu dem, was ich in meiner Jungscharzeit gelernt habe. Ich schreie noch einmal und rufe zum Himmel: »Wo bist du, Gott?« Keine Antwort.

Nach dem unkontrollierten Herausschreien meines inneren Zustandes geht es mir besser. Ich fühle mich leichter. Der Kloß im Hals ist halb so dick, aber er ist noch da.

Zu Hause angekommen, setze ich mich in meinen Lieblingssessel, trinke eine Tasse Kaffee, um meine Müdigkeit zu vertreiben, und blättere unschlüssig in einer Zeitschrift. Mein Blick fällt auf den Boden. Da liegt noch immer meine Bibel. Die Seiten sind verknickt. Ich hebe sie auf und blättere ziellos darin herum. Dann fällt mir wieder der Zettel von Frau Seifert ein, den sie mir beim letzten Gespräch mitgegeben hat. Ich suche ihn in meiner Tasche und lese ihre Notizen. Sie hat gesagt, dass in der Bibel auch Erlebnisse von Frauen stehen, die Schlimmes durchgemacht haben. Als Erstes lese ich Batsebas Namen und schlage die angegebene Stelle in 2. Samuel 11 bis 12 auf.

Dann lese ich die Geschichte von Batseba beziehungsweise vom Ehebruch des Königs David. Dieser sieht, wie Batseba auf dem Dach ihr Reinigungsbad nimmt. Ihr Mann ist im Krieg. David selbst ist zu Hause geblieben. Als er die Frau sieht, wird sein Verlangen nach ihr geweckt. Er holt Erkundigungen über sie ein und lässt sie schließlich holen. Wie hat sich Batseba wohl gefühlt? Was hätte David mit ihr gemacht, wenn sie sich ihm verweigert hätte? Kein Wort steht darüber in der Bibel, wie sie die ganze Geschichte erlebt hat. Ich hätte wahrscheinlich keinen Mut gehabt, Nein zu sagen, aus lauter Angst, dass mich der König dann hätte umbringen lassen. Was blieb ihr anderes übrig als mitzukommen? Ich lese den Satz: »Batseba kam, und er schlief mit ihr. Danach kehrte sie in ihr Haus zurück.« Hier handelt und befiehlt der König – der Mann. Die Frau hat zu folgen. Nun beginnt eine Geschichte von Lügen und Mord. Ich glaube kaum, dass Batseba glücklich darüber ist, als sie die Nachricht vom Tod ihres Mannes empfängt. Andererseits ist sie schwanger. Vielleicht ist ihre Angst auch größer. Letztlich deckt Gott das Unrecht auf und überführt David. David bekennt sich schuldig vor Gott. Das Kind aus dieser Beziehung stirbt. Dann lese ich einen Satz, der mich fast schockiert: »Dann ging David zu seiner Frau Batseba und tröstete sie. Er schlief mit ihr, und sie brachte wieder einen Sohn zur Welt.« Eine Kurzzusammenfassung in dem Stil: Und sie lebten glücklich bis an ihr Lebensende. Ich glaube nicht, dass für Batseba der Sex ein Trost war. Eher für David. Mir kommt die Geschichte verdächtig vor. Eine Geschichte, von Männern geschrieben. Wie würde sie wohl lauten, wenn Batseba ihre Geschichte selbst aufgeschrieben hätte?

Der König schändet eine verheiratete Frau und holt sie in sein Bett, schläft mit ihr, ohne zu fragen, ob sie das will, und heiratet sie, kurz nachdem er ihren Mann in den Tod geschickt hat. Als das im Unrecht gezeugte Kind stirbt, weiß er keinen anderen Trost für seine neue Frau, als mit ihr zu schlafen. Widerlich. Vielleicht ist das alles aber auch nur mein Empfinden. Andere Frauen finden diese Vorgehensweise vielleicht wirklich gut. Vielleicht war Batseba mit allem einverstanden und froh, ihren ersten Mann loszuwerden.

Mein Blick fällt auf die nächste Geschichte: 2. Samuel 13. Der Titel lautet: »Tamar wird vergewaltigt«. Die Geschichte kenne ich noch nicht, aber als ich den Zettel von Frau Seifert anschaue, sehe ich, dass sie auch den Namen Tamar mit der entsprechenden Bibelstelle notiert hat. Meine Neugierde ist geweckt, und ich bin erstaunt, dass tatsächlich Geschichten in der Bibel stehen, die von Demütigungen, Grenzüberschreitungen und Vergewaltigungen berichten und selbst dieses Thema nicht verschweigen.

Amnon, der Sohn Davids, verliebt sich in seine Halbschwester Tamar. Er stellt sich krank und wünscht, von ihr versorgt zu werden. Während sie vor ihm zwei Kuchen backt – auch eine Bäckerin –, entflammt sein Verlangen erst recht. Er schickt die Diener aus dem Zimmer, lässt sich das Essen von seiner Schwester ans Bett bringen. Dann packt er sie und zwingt sie, sich zu ihm zu legen. Die Jungfrau Tamar ruft in ihrem Schreck: »Nein, Amnon, zwinge mich nicht zu so etwas.« Doch Amnon will nicht auf sie hören. Er stürzt sich auf sie und vergewaltigt sie.

Ich bin schockiert. Da ist eine Frau, die von ihrem eigenen Bruder missbraucht wird. Sie will sich wehren, sagt NEIN, aber ihr NEIN wird nicht gehört. Sie wird nicht ernst genommen. Ihr Bruder – der Mann – handelt nach seinem körperlichen Verlangen und schändet sie. Ich verstehe Tamar und kann nachvollziehen, was sie durchgemacht hat. Ich habe auch das Gefühl, dass Tamar mich verstehen kann. Dass eine derartige Geschichte in der Bibel steht, tröstet mich. Ich warte auf die Reaktion der anderen, auf eine Antwort von Gott, und lese gespannt weiter.

Tamar wird nach der Tat weggejagt, zerreißt die Kleider ihrer Jungfräulichkeit und trauert. Ihr Bruder Absalom fragt sie: »Hat dieser Amnon dich belästigt? Sag niemandem etwas davon, denn er ist dein Bruder. Nimm die Sache nicht so schwer.« Genau derselbe Spruch schon seit Jahrtausenden, denke ich. Das Opfer wird ermahnt zu schweigen und mit leeren Worten getröstet. Tamar vereinsamt. Was muss sie durchgemacht haben!

Auch David erfährt von der Sache und wird sehr zornig. Ich bin gespannt, wie er handelt, aber ich lese nur: »Doch er brachte es nicht übers Herz, Amnon zu bestrafen, denn er war sein ältester Sohn, und David liebte ihn besonders.« Aha, da gibt es noch Rangunterschiede. Ein Mann ist mehr wert als eine Frau. Als Ältester darf sich ein Sohn wohl alles erlauben – erst recht als Lieblingskind des Vaters. Immerhin lese ich, dass Absalom seinen Halbbruder für die Schandtat an seiner Schwester umso mehr hasst. Ein paar Verse weiter lässt er ihn sogar umbringen. Geschieht ihm ganz recht, denke ich. Absalom und David werden später zu Feinden. Der König trauert um seinen ältesten, ach so armen Sohn. Für Tamar hingegen verliert er keine Träne. Sie hat ihr Leben gelebt. Von ihr liest man kein Wort mehr. Lediglich Absalom gedenkt ihrer, indem er seine eigene Tochter Tamar nennt – ein billiger Trost. Und Tamar? Selbst Gott scheint zu dem Unrecht, das an dieser Frau begangen wurde, zu schweigen.

Ich wäre froh, wenn auch Tamar selbst zu Wort gekommen wäre oder wenn es einen Psalm von ihr gäbe. Ich blättere die Psalmen durch, finde aber keine Autorin – nur Männer.

Vielleicht haben Hanna, Elisabeth oder Maria noch etwas zu dem Thema zu sagen. Auch ihre Namen stehen auf Frau Seiferts Liste. Ich lese Hannas Lobgesang in 1. Samuel 2: »... Manche macht er (der Herr) arm, andere dagegen reich. Er erniedrigt und erhöht Menschen, wie er es für richtig hält.« Na toll: Hanna hat er erhöht und Tamar erniedrigt?! »Dem Verachteten hilft er aus seiner Not. Er zieht den Armen aus dem Schmutz und stellt ihn dem Fürsten gleich, ja, er gibt ihm einen Ehrenplatz.« Und was ist mit Tamar?

Ich suche in Lukas 1. Doch auch bei Elisabeth und Maria spricht mich nichts an, was mir weiterhilft – außer einem Satz in Marias Lobgesang: »Der Herr hat die Niedrigkeit seiner Magd angesehen.« Ich frage mich, was genau mit Niedrigkeit gemeint ist – vielleicht sogar auch Erniedrigung? Was hat wohl Maria vor der Verheißung Gottes alles durchgemacht? Wer weiß ...

Ich vermisse Psalmen von Frauen, von erniedrigten Frauen, die Gott ihr Leid klagen.

Ich lege die Bibel und Frau Seiferts Zettel zur Seite, nehme mein Tagebuch zur Hand und schlage es auf. Dann beginne ich, meinen eigenen Psalm zu schreiben:

»Gott, wo bist du? Ich rufe dich, doch du antwortest nicht. Ich schreie, doch du scheinst nichts zu hören. Ich bin erniedrigt, missbraucht. Ich spüre nichts als Ekel, Wut und Angst. Mein Inneres ist aufgewühlt. Ich kann nicht essen, nur weinen. Das Leben zieht an mir vorüber. Ich lebe nicht, sondern funktioniere ohne Sinn. Wie eine Maus in der Falle, so bin ich in meinem Albtraum gefangen. Was geschehen ist, verfolgt mich überallhin. Ich kann ihm nicht entkommen. Mein Feind und Schänder ist Tag und Nacht hinter mir her. Er greift mit gierigen Händen nach mir. Er lacht mich aus. Er lebt seine Fantasien an mir aus. Auch wenn das reale Geschehen vorbei ist, so erlebt meine Seele Tag für Tag dasselbe Trauma. Ich habe keine Kraft mehr. Meine Nerven liegen blank. Ich kann so nicht weiterleben. Wo bist du, Gott? Von klein auf habe ich zu dir gebetet, dachte, dass du hilfst; dachte, dass du nah bist. Jetzt scheinst du so weit weg zu sein. Hast du mich vergessen? Ich rufe und du schweigst. Bitte verlass mich nicht. Ich will nicht vereinsamen wie Tamar. Ich will leben! Aber ich weiß nicht, wie. Bitte hilf mir zu leben. Gott, höre mich doch. Antworte doch. Ich weine.«

Ich weine. Das Schreiben tut gut, doch die Frage, wo Gott in dem allen gewesen ist und wo er jetzt ist, drängt sich immer wieder in meine Gedanken. Es ist schon spät. Ich bin nicht müde.

Innerlich setze ich mich mit dem Gedanken auseinander, Frau Seifert alles zu erzählen. Es wird ein Kampf, denn die Scham und die Angst halten mich zurück, schrecken mich ab. Was könnte ich sonst tun? Wieder muss ich über meine Unfähigkeit nachdenken, NEIN zu sagen. Wieso schaffe ich das nicht? Und wieso wird mein Nein, wenn ich es einmal fertig bringe, nicht ernst genommen, überhört, ignoriert?

Ich spüre Wut in mir. Ich hasse sie alle, diese Männer, die meinen, sie könnten mich als Objekt behandeln, und es auch tun. Ich werde mich distanzieren und ich werde reagieren. Aber wie?

Ich grüble noch lange, notiere meine Gedanken, dann gehe ich schlafen. Es wird eine unruhige Nacht. Am anderen Morgen steht mein Entschluss fest: Ich werde Anzeige erstatten!

Der Prozess

Mit klopfendem Herzen betrete ich die Polizeiwache. Unsicher bringe ich mein Anliegen vor. Der diensthabende Polizist führt mich in ein Nebenzimmer und bittet mich zu warten. Das Warten kommt mir wie eine Ewigkeit vor. Ich sehe mich in dem Zimmer um. Der Raum wirkt kalt. Die Wände sind kahl. Der Stuhl ist unbequem.

Endlich geht die Tür auf und eine Polizistin kommt herein – zum Glück eine Frau! Ich bin erleichtert.

Sie fragt mich nach meinem Anliegen. Ich schildere ihr kurz, worum es geht. Dann bittet sie mich, alles ausführlich zu erzählen, und schreibt mit.

Ich beginne stockend, mein Erlebnis ein weiteres Mal zu erzählen. Vieles ist mir peinlich, aber ich versuche möglichst genau zu erzählen, was geschehen ist. Zwischendurch bin ich unsicher, weil ich mich an den Vorgang nicht mehr ganz genau erinnere. Der Ekel kommt zurück. Ich versuche mich zusammenzureißen, denn ich will nicht schon wieder von meinen Gefühlen überrollt werden. Es fällt mir sehr schwer, den Sachverhalt detailliert zu schildern, vor allem die körperlichen Übergriffe. Es ist mir peinlich, und ich habe immer wieder Mühe zu sprechen. Als ich mit meinem Bericht fertig bin, stellt mir die Polizistin noch einige Fragen:

»Wie lange dauerten die Übergriffe im Wald?«

Ich weiß es nicht genau.

»Nach einer ganzen Weile habe ich ihn nach der Uhrzeit gefragt. Es war vier Uhr. Er meinte, wir hätten noch viel Zeit und er wolle jetzt die Zeit mit mir genießen. Es dürfte sich etwa um eine Stunde gehandelt haben.«

»Hat Ihnen Kurt Schäfer gedroht?«

»Nicht direkt, aber ich verspürte einen psychischen Druck und hatte Angst, mich ihm zu verweigern, weil ich nicht wusste, zu was er fähig sein würde.«

»Haben Sie sich gewehrt?«

»Ich habe es versucht, aber er hielt mich so fest, dass ich keine Chance hatte. Vor allem als er auf mir lag, konnte ich mich nicht wehren. Ich konnte mich kaum einen Zentimeter bewegen.« Mir bricht der Schweiß aus, als ich an diese Szene denke, bei der ich mich wie eine gefangene Maus gefühlt habe.

»Hat Kurt Schäfer Ihnen befohlen, ihn zu berühren oder bestimmte Handlungen an ihm zu vollziehen?«

»Er wollte, dass ich seine Küsse erwidere, aber sonst hat er nichts von mir verlangt – außer, dass ich ihn gewähren und mich befingern ließ. Doch das waren keine direkten Befehle, sondern mehr Aussagen, die er machte, wie: dass das doch schön sei; dass das alle so machen würden; dass ich jetzt mal aufpassen solle, was er macht, und so weiter. Das waren alles Argumente, auf die ich nichts zu sagen wusste.«

»Hatten Sie zu dem Zeitpunkt Alkohol getrunken, Drogen oder Medikamente zu sich genommen?«

»Nein, weder Alkohol noch Drogen. Als er mich zu einem Drink einlud, bestellte ich einen Kaffee. Seit einiger Zeit nehme ich Antidepressiva.«

Die Frau mir gegenüber notiert sich alles genau. Dann fragt sie weiter:

»Stand Herr Schäfer unter Alkohol-, Drogen- oder Medikamenteneinfluss?«

»Nicht, dass ich wüsste.«

»Mit wem haben Sie über das Vorgefallene gesprochen?«

»Mit meinem Chef, der Kurt Schäfer auch kennt. Ich erzählte es ihm jedoch nur, weil das Gerücht im Geschäft herumging, ich sei vergewaltigt worden. Ich wollte ihm mitteilen, dass das Gerücht nicht stimme, und ihm den wahren Sachverhalt darlegen. Mein Chef hat mir von einer Anzeige abgeraten, kurz darauf aber selbst versucht, mich zu berühren. Daraufhin bin ich zum Arzt gegangen und seitdem krankgeschrieben, da es mir seit dem Vorfall körperlich und psychisch sehr schlecht geht.«

»Warum haben Sie sich zu einer Anzeige entschlossen?«

»Ich finde, dass Kurt Schäfer für sein Verhalten bestraft werden soll, und ich möchte nicht, dass er sich noch einmal an mir vergreift oder dass er einer anderen Frau etwas Derartiges antut. Nach langem Zögern habe ich mich nun dazu entschlossen, Anzeige zu erstatten.«

»Haben Sie sich von Ihrem Arzt oder Ihrer Ärztin untersuchen lassen?«

»Nein, ich habe ihr nur von meinem körperlichen und psychischen Zustand erzählt. Sie hat nicht nach der Ursache gefragt.«

»Was hat sich durch das Vorgefallene für Sie geändert?«

»Mir geht es seitdem sehr schlecht. Ich habe fast nichts mehr gegessen, weine sehr viel und schlafe vor allem tagsüber, weil ich in der Nacht nicht schlafen kann. Ich kann mich bei der Arbeit nicht mehr konzentrieren. Immer wieder kommen Erinnerungen an den Vorfall und ich muss viel darüber nachdenken.«

Die Polizistin stellt mir eine letzte Frage:

»Haben Sie noch etwas hinzuzufügen oder Einwände gegen die Befragung?«

»Mir ist es ein Anliegen, dass meine Angaben vertraulich behandelt werden. Sonst habe ich nichts mehr hinzuzufügen und auch keine Einwände.«

Endlich stehe ich wieder vor der Polizeiwache und mache mich auf den Heimweg.

Die Anzeige ist erstattet. Eine Strafuntersuchung wird eröffnet. Auch Kurt Schäfer muss in den nächsten Tagen vor der Polizei Bericht erstatten.

Die Nacht nach der Befragung ist wieder sehr schlimm für mich, da mir das Ereignis erneut im Nacken und in meinen Gedanken sitzt. Ich lese viel, versuche zu schreiben und sehne den Morgen herbei.

Kurze Zeit später arbeite ich wieder im Geschäft. Ich fühle mich jedoch von Tag zu Tag unwohler, versuche, dem Chef aus dem Weg zu gehen und auch den anderen Kollegen nicht zu nahe zu kommen. Ich habe Angst, von den anderen betatscht zu werden. Ich versuche, meine Arbeit gut zu machen, reiße mich zusammen und arbeite so konzentriert wie möglich.

Mein Chef hat wohl davon erfahren, dass ich Anzeige erstattet habe, denn er lässt die Finger von mir. Ich bin froh. Andererseits hoffe ich täglich, dass ich nicht Kurt Schäfer begegne. Innerlich habe ich doch Angst vor seiner Reaktion oder vor einer möglichen Rache. Ich will ihm nicht noch einmal in die Hände geraten.

Ein paar Tage später liegt ein Brief von der Polizei im Briefkasten. Er enthält eine Kopie von meinem und eine von Kurts Befragungsprotokoll. Gespannt lese ich beide und vergleiche sie. Als ich Kurts Protokoll lese, werde ich von Satz zu Satz wütender. Er musste vor einem Polizisten Bericht erstatten und Fragen beantworten.

Da steht Folgendes:

»Wann und wo haben Sie Karin Huber kennen gelernt?«

»Ich habe sie in der Kaffeestube im Stadtteil West kennen gelernt. Sie arbeitet dort als Bäckerin und Konditorin. Einmal habe ich ihr geholfen, Backwaren zu verteilen, weil der Lieferwagen defekt war.«

»Was sagen Sie zu den Anschuldigungen wegen sexueller Nötigung?«

»Ich finde, dies ist ein absoluter Blödsinn. Im Nachhinein sehe ich ein, dass ich vielleicht etwas zu weit gegangen bin. Aber es hat sich eigentlich so ergeben – sozusagen aus einer Spielerei.«

So ergeben, aus einer Spielerei – so ein Lügner! Er hat gespielt, nicht ich. Da hat sich nichts ergeben. Ich musste mich ergeben und er hat fröhlich gespielt, der Dreckskerl. So geht es mir durch den Kopf, dann lese ich weiter.

»Was hat sich an diesem fraglichen Sonntagnachmittag abgespielt?«

»Karin hat mich, das heißt meine Frau am Vormittag angerufen und mich gebeten, ich solle zurückrufen. Ich tat dies dann auch und rief sie am Mittag zurück. Beim Ausfahren der Backwaren hatte ich ihr angeboten, einmal eine Spazierfahrt mit ihr in meinem Cabriolet zu machen, und sie schien von dieser Idee begeistert zu sein. So kam es dann, dass sie mich an diesem Sonntag anrief ...«

Da hatte er wieder die Hälfte vergessen. Erstens war ich von dieser Idee nicht begeistert, sondern hatte ihm zugestimmt, dass ich gerne Auto fahre, und dann hatte er mich ständig angerufen und mich gefragt, wann wir endlich die Ausfahrt machen. Nach seinem Bericht könnte man fast meinen, ich hätte die Initiative ergriffen. Ich bin gespannt, welche Lügen oder Halbwahrheiten noch aufgeschrieben sind.

»... Wir fuhren dann an diesem Sonntag kreuz und quer durch die Gegend, tranken unterwegs etwas und machten noch einen Spaziergang im Wald. Karin schien einverstanden zu sein. Ich fragte sie, ob wir uns irgendwo hinsetzen und die Aussicht genießen wollten. Sie bejahte dies und so setzten wir uns hin. Ich weiß nicht mehr, wo genau. Ich glaube, an einen Waldrand.«

Lügner, da war keine Aussicht. Außerdem war ich nicht einverstanden!

»Ich hatte eine Wolldecke mitgenommen, die ich ausbreitete. Wir diskutierten und spielten miteinander. Und so kam es, dass Zärtlichkeiten ausgetauscht wurden.«

Spielen – Hänschen klein, oder was? So ein Blödsinn. Er drückte mich auf den Boden und begrapschte mich. An Diskutieren kann ich mich auch nicht erinnern.

»War Karin Huber damit einverstanden?«

»Mir fiel nichts Negatives auf. Ich war der Auffassung, dass sie damit einverstanden war. Sie hat sich auch nicht dagegen gewehrt. Ich hatte eher das Gefühl, dass sie Gefallen daran hatte.«

Gefallen? Im Gegenteil! Der Ekel sitzt mir immer noch in der Magengrube. Außerdem fiel ihm nichts Negatives auf, weil er nichts Negatives sehen wollte. Es ging ihm nur um sein Verlangen, um sein Ziel. Und das versuchte er zu erreichen. Ich war nicht einverstanden und habe versucht mich zu wehren.

»Wie ging es nachher weiter?«

»Nun, es kam dann so weit, dass ich Karin unter den Pullover griff, diesen etwas hochschob und ihr vorerst über dem BH an die Brüste griff. Ich öffnete ihr dann den BH und streichelte sie an den Brüsten. Sie hat sich dabei, wie bereits erwähnt, nicht gewehrt oder irgendwelche Andeutungen gemacht, dass sie damit nicht einverstanden wäre. Wir küssten uns dabei. Die Zeit drängte dann, so dass wir uns wieder auf den Heimweg begaben. So packten wir zusammen und suchten das Auto auf. Die ganze Sache dauerte nicht lange – etwa 10 bis 15 Minuten.«

So ein Betrug! Mir wird schwindelig, schwarz vor Augen. Ich muss mich auf den Boden legen. Nach ein paar Minuten geht es besser. Der Kerl lügt wie gedruckt, denke ich. Ich habe versucht mich zu wehren, habe ständig mein T-Shirt wieder heruntergezogen. Außerdem hielt er mir eine Zeit lang die Augen zu und hielt mich so fest, dass ich kaum ausweichen konnte – erst als er mich auf sich zog.

»Die Aussagen von Frau Huber decken sich nicht ganz mit den Ihrigen. Sie sollen ihr bereits während der Fahrt andauernd an die Oberschenkel gegriffen oder ihr die Hand gehalten haben. Sie erklärt, Ihnen deutlich gemacht zu haben, dass sie das nicht mochte.«

»Es kann sein, dass ich ihr einmal die Hand hielt. Aber sicher habe ich ihr während der Fahrt nicht an die Oberschenkel gegriffen. Ich hatte auch nicht die Absicht, mit ihr ein sexuelles Abenteuer einzugehen. Ich habe ihr dies klar gesagt.«

Ja? Davon weiß ich gar nichts. Wann denn? Ich würde ihn am liebsten ohrfeigen, nein, Schlimmeres mit ihm machen. Meine Wut steigt.

»Im Weiteren äußerte sich Karin Huber, dass Sie sie auf sich gezogen hätten, so dass sie mit dem Bauch auf Ihnen lag.«

»Das kann schon sein. Das hat sich aber aus der Spielerei ergeben, dass ich Karin über mich gezogen habe.« Der mit seiner Spielerei, denke ich.

»Frau Huber will sich auch gewehrt haben. Jedenfalls soll sie einige Male versucht haben aufzustehen, worauf Sie sie immer wieder auf den Boden gedrückt haben. Was sagen Sie dazu?«

»Absolut verlogen! Wenn Karin Anstalten gemacht hätte zu gehen, wäre ich auf jeden Fall sofort einverstanden gewesen. Ich hätte sie sicher nicht gedrängt zu bleiben. Ich möchte nochmals darauf hinweisen, dass ich Karin klar und deutlich zu verstehen gegeben habe, dass ich keine sexuellen Absichten mit ihr habe.« Jetzt soll ich auf einmal die Lügnerin sein? Welche Absichten hatte er denn sonst?

Der Beamte fragte weiter: »Was halten Sie dann vom Öffnen des BHs und vom Streicheln der Brüste?«

Ja, das frage ich mich auch.

»Ich betrachte das nicht als sexuelle Absicht. Dies ergab sich einfach aus der Spielerei. Ich ging ja nicht weiter. Ich habe ihr die Hosen nicht geöffnet und sie auch nicht zwischen den Beinen gestreichelt.«

Aber die Hosen hätte er mir geöffnet, wenn ich dem Ganzen nicht abrupt ein Ende gesetzt hätte. Und ist für ihn Sex etwa nur das, was sich unter der Gürtellinie abspielt?

»War es also nicht Ihr Ziel, mit Karin sexuellen Kontakt zu haben?«

»Nein, überhaupt nicht. Diese Absicht hat nie bestanden. Ich wollte keine Freundschaft mit ihr eingehen.« Klar, keine Freundschaft, aber eine Spielerei ...

Ich kann es kaum fassen, was da geschrieben steht, bin mit meinen Nerven am Ende. Ich zittere und habe das Gefühl, gleich durchdrehen zu müssen, will schreien, reiße mich aber zusammen. Meine Wut steigert sich ins Maßlose. Ich laufe in der Wohnung auf und ab. Schließlich greife ich zum Telefon und rufe Frau Seifert an. Ich brauche jetzt jemanden, mit dem ich reden kann.

Zwei Stunden später sitze ich auf meinem Stammplatz auf der Matratze, von Kissen umgeben, den Blick auf die Flammen gerichtet.

Stockend beginne ich zu erzählen. Zwischendurch versagt mir die Stimme. Ich schlucke, kann nicht mehr weiterreden. Meine Hände zittern. Frau Seifert fordert mich auf, mich hinzulegen, die Augen zu schließen und zu sagen, was mir in den Sinn kommt. Das Erlebnis kommt zu nah. Ich fühle alles noch einmal, bekomme Angst. Ich muss weinen, schluchze. Kann nicht mehr reden.

Frau Seifert wartet. Als ich wieder sprechen kann, sprudelt die Geschichte wie eine Lawine aus mir heraus. Die Blockaden sind weg. Ich kann frei erzählen und fühle mich von meiner Seelsorgerin ernst genommen.

Sie stellt keine Fragen. Macht mir keine Vorwürfe. Das vertreibt den letzten Rest von Angst.

Ich erzähle ihr von meiner Verzweiflung, von meinen Gefühlen, von der Scham und dem Ekel. Ich berichte ihr von meiner Hilflosigkeit, von der Situation am Arbeitsplatz sowie von der Frage, wie es weitergehen soll, drücke auch die Angst aus, dass Kurt mich noch einmal belästigen oder sich an anderen jungen Frauen vergreifen könnte.

In den nächsten Tagen gehe ich oft zum Gespräch zu Frau Seifert, weine viel, schreie, lasse meine Wut und meinen Hass auf ganz verschiedene Art und Weise heraus.

Außerdem laufe ich, sooft ich kann und sooft Claudia erreichbar ist, mit Alex. Ich rede dabei laut – wenn niemand in der Nähe ist. Ich spreche mit Gott und stelle ihm meine Fragen, klage ihm so lange mein Leid, bis meine Seele wieder ruhiger wird.

Die Zeit des Strafprozesses wird für mich zu einer schwierigen Zeit. Ich schlafe schlecht, bin bei der Arbeit weiterhin ziemlich unkonzentriert und habe ständig Angst, Kurt noch einmal zu begegnen.

Und dann steht er vor mir und starrt auf meine Brust.

»Hallo Karin, wie geht's?«, fragt er mich scheinheilig.

»Es geht«, gebe ich unsicher zurück und werde rot.

»Hast du abgenommen? Du siehst schlecht aus. Geht es dir nicht gut?« Was für eine Frage! Er sollte doch am besten wissen, dass es mir nicht gut geht. Ich bekomme Angst und spüre, wie mir der Schweiß ausbricht. Ich versuche, etwas zu sagen. Doch meine Kehle ist wie zugeschnürt.

»Kann schon sein«, würge ich hervor.

Ich will ihn loswerden und sage, dass ich noch einen Termin habe und gehen müsste.

Mein Puls rast. Jeder Körperteil ist angespannt. Die Kopfschmerzen kommen wieder. Die Erinnerungen auch.

Die Albträume wiederholen sich. Auch die Begegnungen mit Kurt. Ich bleibe ihm gegenüber höflich, zurückhaltend, freundlich. Ich will ihn nicht herausfordern. Die Angst ist zu groß. Immer wieder schaut er mich lüstern an – trotz der Strafanzeige. Er redet nicht viel mit mir, doch seine Blicke sagen genug.

Ob Kurts Frau etwas von der Geschichte und dem Strafverfahren weiß? Ich muss an Papa denken, wie viel er vor Mama zu verheimlichen versucht und dass er immer wieder heimlich eine Freundin hat. Diesmal habe ich mich selbst als Frau benutzen lassen, ein Mann ist mit mir fremdgegangen, nicht bis zum Letzten, aber doch sehr weit – viel zu weit!

Ich sitze in meinem Sessel und starre aus dem Fenster. Mit beiden Händen halte ich eine Tasse Kaffee fest und wärme mich daran.

Es sind Ferien. Ich komme gerade aus einem Sommerlager zurück und bin noch mitten in der guten Stimmung, der Gemeinschaft und mit all den anderen Eindrücken beschäftigt.

Ich freue mich darauf, meine Eltern und Geschwister wieder zu sehen. Doch die Stimmung ist gedrückt. Mama erzählt mir von den Ferien, was sie alles unternommen und gesehen haben und wie das Wetter war. Als ich am Abend im Bett liege, kommt Mama noch einmal in mein Zimmer. Papa ist nicht da. Sie setzt sich auf meinen Bettrand und erzählt mir, was sich wirklich ereignet hat: In dem Feriendorf war noch eine andere Frau mit dicken, lockigen, langen schwarzen Haaren. Papa kannte sie von der Arbeit in der Großbäckerei. Papa hat wohl gewusst, dass sie auch kommt;

vielleicht hatten sie es sogar so verabredet. Doch er hat nicht zugegeben, dass er sie kennt. Er hat so getan, als wüsste er von nichts. Jeden Abend begegneten die beiden einander, grüßten sich und hielten einen kleinen Schwatz – am See, beim Baden, beim Abendessen, bei der Musikunterhaltung – überall. Mama sagt mir, wie weh ihr das getan hat. Ich habe das Gefühl, dass noch mehr passiert ist, aber ich frage nicht nach. Ich fühle mich hilflos. Mama hat Tränen in den Augen, dann verlässt sie mein Zimmer.
Kurze Zeit später kommt meine Schwester, setzt sich auf die gleiche Stelle am Bettrand. Sie erzählt mir zuerst das, was ich schon von Mama weiß. Dann fügt sie hinzu, dass sie Papa einmal mit dieser Frau auf einer Liege gesehen hätte. Sie saßen ganz nah beieinander und küssten sich. Als meine Schwester gegangen ist, muss ich weinen. Ich vergrabe meinen Kopf in meinem Kissen und weine laut. Papa küsst Mama nie.
Jetzt weiß ich auch, warum ich während des Lagers ein paar Mal sehr unruhig war und an meine Eltern denken musste. Ich hatte zwischendurch das Gefühl, dass etwas nicht stimmte, machte mir Sorgen und versuchte auch ein paar Mal, dort anzurufen. Nun weiß ich den Grund. Diese Art von Ferien wiederholte sich. Vater nahm mehrmals »heimlich« noch eine andere Frau mit an den Ferienort.

Und nun gehöre ich selbst zu dieser Sorte von Frauen, mit denen verheiratete Männer Dinge machen, die sie mit ihrer Ehefrau schon lange nicht mehr tun.

Mir kommt wieder der Mann meiner ehemaligen Schulkollegin in den Sinn, der mich immer wieder bedrängt hat. Zuerst war ich sehr offen zu ihm, weil ich ihm keine bösen Absichten unterstellte, dann saß ich auf einmal in der Falle. Ich fühlte mich ausgenutzt, allein und verlassen. Er küsste mich, umarmte mich und wollte immer weiter gehen. Und ich sagte nicht NEIN. Mir läuft ein Schauer den Rücken herunter, während ich daran denke. Anschließend fiel ich in eine Depression, aus der ich so schnell nicht mehr herauskam. Und jetzt die Sache mit Kurt.

Es kommt zu einer Gerichtsverhandlung. Ich habe zu große Angst, Kurt vor dem Gericht gegenüberzutreten und in seiner Gegenwart gegen ihn auszusagen. Wenn ich ihm begegne, bringe ich keinen Ton hervor. Alles ist blockiert. Meine Maske lächelt höflich, während der Sturm in meinem Inneren tobt.

Eine Anwältin vertritt mich vor Gericht. Wieder bekomme ich die Berichte zugeschickt. Kurts Aussagen sind noch abgeschwächter als auf dem Polizeiprotokoll. Die Lügen wiederholen sich. Er spricht nicht mehr von einer Spielerei, sondern davon, dass wir uns einfach ein wenig gehalten hätten.

»Es war so: Ich bin einmal mit Frau Huber an einem Sonntag ausgefahren. Wir fuhren mit dem Cabriolet durch die Gegend, gingen zwischendurch spazieren und liefen Hand in Hand. Später auf dem Rückweg fragte ich sie, ob wir noch irgendwo halten sollten. Sie sagte mir, dass es ihr egal sei. Ich habe dann irgendwo angehalten und eine Wolldecke mitgenommen. Zuerst sagte ich ihr noch, dass ich keine sexuellen Absichten hätte, und sie gab mir zur Antwort, dass sie sich schon wehren könnte. Wir gingen dann ein Stück und setzten uns auf die Wolldecke. Dort haben wir uns gehalten und geküsst. Ich habe ihren BH geöffnet. Sie hatte nie etwas dagegen. Sie hätte sich ja wehren können. Wir haben uns ein wenig gehalten. Das Ganze war eine Sache von höchstens einer Viertelstunde.«

Ich bin entsetzt. Habe ich tatsächlich den Anschein erweckt, nichts dagegen zu haben?

Weiter unten behauptet er, er habe mich nie auf den Boden gedrückt, mir keine Gewalt angetan und ich hätte mich auch nicht gewehrt. Wenn er nach Details gefragt wird, dann antwortet er nur, dass das sein könne, aber dass er es nicht mehr genau wüsste. Kurt verdreht, wo es nur geht. Als er gefragt wird, was er unter »Sexuellem« verstehe, antwortet er:

»Eigentlich den Geschlechtsverkehr, aber sicher nicht Herumschmusen oder an den Busen langen.«

Er leugnet seine Fragen und Aussagen im Wald, wie zum Beispiel, dass das alles nicht so schlimm sei, dass das dazugehöre, dass das alle so machen würden. Er streitet auch ab, mir die Augen zugehalten und auf mir gelegen zu haben.

Schließlich sagt die Untersuchungsrichterin:

»Durch Ihr Verhalten haben Sie sich schuldig gemacht der sexuellen Belästigung im Sinn von Artikel ... und der sexuellen Nötigung im Sinn von Artikel ... Was sagen Sie dazu?«

»Wenn das, was ich gemacht habe –, einer Frau den BH aufmachen und ihr an den Busen greifen – strafbar ist, dann hättet ihr die Gefängnisse voll. Sie hat sich einfach nicht gewehrt oder etwas gesagt. Es ist doch ganz klar, dass sie von mir etwas wollte, sonst hätte sie mich doch nicht angerufen. Wenn sie mich beschuldigt, dass ich sie schon vorher angefasst hätte, sie mich aber trotzdem nochmals anruft, dann stimmt doch etwas nicht.«

Natürlich stimmt etwas nicht, wenn er die Wahrheit verdreht. Es verletzt mich tief, dass er alles verdreht und so darstellt, als wäre ich diejenige, die die Initiative ergriffen hat. Er argumentiert mit seiner Logik und es erscheint auch noch so, als sei er im Recht.

Ich fühle mich noch elender. Ich habe versucht, mich zu wehren, Nein zu sagen, ihn wegzudrücken, aber da war auch die Angst, dass er mir etwas antun könnte. Ich habe ihn nur angerufen, weil er mich schon hundertmal davor angerufen hatte und ich endlich meine Ruhe wollte.

Die Verhandlungen ziehen sich noch weiter hin – ein langwieriger Prozess. Kurt Schäfer wird schließlich wegen sexueller Nötigung und mehrfacher sexueller Belästigung schuldig gesprochen. Ein Staatsanwalt schreibt zum Abschluss in seiner Verfügung:

»In rechtlicher Hinsicht halte ich dafür, dass der Griff an den Oberschenkel über den Kleidern gegenüber einer fremden Frau zwar eine Ungehörigkeit darstellt, aber noch nicht als unsittliche respektive sexuelle Handlung qualifiziert werden kann (allenfalls tätlicher Übergriff im Sinne des Artikels ...).«

Also sollte es normal sein, wenn Männer Frauen an die Oberschenkel oder sonst wohin greifen? In welcher Welt lebe ich eigentlich? Für mich ist so etwas eindeutig eine Grenzüberschreitung, die ich leider schon allzu oft erlebt habe.

Meine Anwältin fordert eine hohe Entschädigungssumme. Was ich letztlich erhalte, ist ein lächerlicher Betrag. Immerhin muss ich keinen Cent der Gerichtsverhandlung und keine Anwaltskosten übernehmen.

Du sollst am Leben bleiben!

Das Leben ist zu einem ständigen Auf und Ab geworden.
Es kostet Kraft, die Hochs zu erreichen,
und noch größere Anstrengung, nicht in den Tälern zu verharren.
Ich bin ein anderer Mensch geworden.
Ich mag mich nicht. Ich hasse mich.
Nach außen wirke ich unverändert.
Aber innen bin ich nicht mehr!
Niemand sieht, wie es in mir aussieht.
Ich möchte raus aus der Welt, die nur sich selbst meint.
Ich möchte raus aus dem Wirrwarr und die Augen schließen
vor den Gesichtern der Menschen, vor mir selbst.

Der nervenaufreibende Prozess ist überstanden. Die Nachwirkungen machen mir immer noch zu schaffen. Nichts ist vergessen – weder gedanklich noch gefühlsmäßig noch körperlich. Frau Seifert nimmt sich viel Zeit für mich, versucht, mit mir gezielt am Geschehenen zu arbeiten. Oft blocke ich ab, weil alles zu schmerzhaft ist. Manchmal geht es ganz gut. Ich brauche die Antidepressiva, brauche Schlaftabletten, um zwischendurch überhaupt zur Ruhe zu kommen, fühle mich wie ein Wrack, das dabei ist zu zerfallen.

Das Leben erscheint mir so sinnlos wie noch nie.

Eines Abends halte ich es nicht mehr aus. Ich lege mir die Tabletten zurecht und will meinem Leben ein Ende setzen, will, dass das ganze Leid aufhört und ich diese Hölle nicht mehr ertragen muss.

Ich sitze auf meinem Bett, auf dem Nachttisch die Tabletten. Noch einmal lasse ich meine Gedanken wandern.

Ich bin in einer so verzweifelten Lage, dass ich nicht mehr leben will. Andererseits will ich meinen Eltern verständlich machen, wie schlecht es mir geht, und sie dazu bringen, mir zu helfen. Eines Tages fahre ich mit dem Fahrrad in die Schule. Plötzlich kommt mir der Gedanke, dass ich doch einfach in ein Auto fahren könnte, dann wäre alles vorbei. Ich bremse und bleibe mitten auf einer Kreuzung stehen. Autoreifen quietschen, eine Vollbremsung. Es kracht. An meinem Fahrrad ist das Hinterrad verbogen. Ich selbst bin unverletzt – nur erschrocken. Mich hat es nicht getroffen. Ich bin wütend, dass es nicht geklappt hat, und noch wütender, dass ich das Fahrrad jetzt in die Schule und wieder nach Hause schieben muss. Ich überlege mir etwas anderes.

Auf dem Küchentisch steht eine volle Schachtel mit Medikamenten. Mama hat sie aussortiert und will sie in die Apotheke bringen. Das Verfallsdatum ist abgelaufen. Aber sie müssten immer noch wirken, denke ich. Als Mama gerade weg ist, sammle ich mir einen Haufen Tabletten zusammen und verstecke sie in meinem Zimmer. Am Abend schlucke ich alle auf einmal, gehe dann schlafen und rechne damit, dass ich am Morgen nicht mehr erwache. Doch am Morgen höre ich den Wecker klingeln. Ich lebe noch und muss wie immer aufstehen und in die Schule gehen. Mir ist schlecht. In der Schule muss ich erbrechen. Keiner merkt es. Keiner ahnt, was in mir vorgeht. Ich sage nichts. Ich bin verzweifelt und grüble, was ich noch tun könnte. Sterben zu wollen hat wohl keinen Sinn. Ich muss mir etwas anderes überlegen.

Dann entschließe ich mich, von zu Hause wegzulaufen. Die ganze Situation zu Hause wird mir zu viel. Ich ertrage die Trinkerei, die Streiterei, das Geschrei, die Atmosphäre nicht mehr. Ich mag nicht mehr und habe auch keine Kraft mehr, das alles durchzustehen. Ich steige in den Zug und fahre über Nacht zu einer Freundin. Meine Eltern wissen nicht, wo ich bin. Die Nacht über kann ich kein Auge zutun. Ich muss immer daran denken, wie es meiner Mutter jetzt geht, was Papa macht und ob es Probleme gibt. Ich will wieder nach Hause und nachsehen, ob alles in Ordnung

ist, ob es Mama gut geht. Als ich die Wohnung betrete, sitzen meine Eltern am Küchentisch. Das Erste, was ich zu hören bekomme, ist eine Standpauke, die eine Viertelstunde lang dauert. Ich fühle mich wie ein begossener Pudel. Kein Wort darüber, dass sie sich Sorgen um mich gemacht haben, keine Freude, dass ich wieder da bin. Nur Schimpfe. Ich schließe mich in meinem Zimmer ein und weine mir die Augen aus. Ich bin enttäuscht, dass niemand meine Not spürt.
Wieder nagt die Sinnfrage an mir.

Ich denke über den Sinn des Lebens nach – über das Leben überhaupt und wieso ich eigentlich lebe. Auch über den Tod. Ich bin dem Tod schon einmal knapp entkommen, wie durch ein Wunder.

Ich erwache im Spital und kann mich zuerst nur schwach erinnern. Ich versetze mich zurück und denke angestrengt nach. Mein Kopf will zerspringen. Er tut wahnsinnig weh. Gleich weiß ich wieder, was geschehen ist. Doch stattdessen wird um mich alles schwarz. Ich nehme nur das Hämmern in meinem Kopf wahr. Als ich das nächste Mal erwache, sitzt meine Mutter an meinem Bett. Sie sieht besorgt aus, aber sie sagt mir nichts Liebes.
»Was ist geschehen?«, frage ich sie.
»Du bist mit deinem Fahrrad zwischen die Schienen geraten und gestürzt. Wie konnte nur so etwas passieren? Wo bist du in letzter Zeit mit deinen Gedanken?«
Jetzt erinnere ich mich: Ich will zur Arbeit fahren. Ich weiß noch, dass ich völlig erschöpft bin, dass ich keine Kraft mehr habe und mich kaum konzentrieren kann. Ich sehe auch nur verschwommen. Meine Gedanken sind wieder mal bei den Problemen daheim. Dann passiert es: Mein Vorderrad bleibt in der Rille der Schienen stecken. Ich fliege in hohem Bogen auf die Straße und bleibe liegen. Ich erbreche. Um mich herum stehen Gaffer – Schaulustige, die nur reden, aber nichts tun. Mir wird schwarz

vor Augen. Ich spüre, wie ich von Armen gehoben und auf eine Trage gelegt werde, dann werde ich mit Blaulicht ins Krankenhaus gefahren. Diagnose: Gehirnerschütterung und Prellungen an Armen und Beinen. Zwei Wochen muss ich bleiben und habe viel Zeit nachzudenken. Obwohl mir das Leben so sinnlos vorkommt, beschäftigt mich doch die Frage, warum bei dem Unfall nichts Schlimmeres passiert ist und warum ich noch lebe. Mein Fahrrad ist in drei Teile zerbrochen. Ich lebe. Ob ich leben soll? Ob da jemand ist, der mich will? Vielleicht Gott?

Vielleicht Gott? Ob er will, dass ich lebe? Ich selbst fühle mich wertlos, abgelehnt, ungeliebt.

Ich schaue auf den Nachttisch. Da liegen die Tabletten. Daneben meine Bibel und der Zettel von Frau Seifert. Ich nehme den Zettel und schaue, welche Stellen noch darauf aufgelistet sind:

Hesekiel 16, die Tochter Jerusalem. Frau Seifert hat noch eine längere Bemerkung dazugeschrieben: Jerusalem wird mit einer Frau verglichen. Ihr Leben ist von Geburt an beschrieben. Sie wird vernachlässigt, abgelehnt und ausgesetzt. Dann findet Gott das Mädchen.

Bis jetzt habe ich noch nie das Hesekielbuch gelesen. Doch ich schlage die Stelle auf und beginne zu lesen. Der Text spricht mich sofort an. Mir ist, als wenn Gott Wort für Wort ganz persönlich zu mir sagt:

»... Nach deiner Geburt wurde nicht einmal deine Nabelschnur abgeschnitten. Niemand hat dich gewaschen und mit Salz abgerieben, niemand dich gewickelt. Kein Mensch hatte Mitleid mit dir und erbarmte sich über dich. Noch am Tag deiner Geburt warf man dich aufs freie Feld, weil jeder nur Verachtung für dich übrig hatte.«

Ich denke zurück. Ich bin zwar körperlich versorgt worden, aber innerlich verhungert. Niemand hat danach gefragt, wie es mir geht. Ich habe nie das Gefühl gehabt, erwünscht oder geliebt zu sein. Ich fühlte mich verachtet. Ich lese weiter.

»Ich kam an dir vorüber und sah dich hilflos und blutverschmiert am Boden liegen. Da sagte ich zu dir: ›Du sollst am Leben bleiben und heranwachsen wie eine Blume auf dem Feld.‹«

Diese Sätze treffen mich mitten ins Herz. »Du sollst am Leben bleiben, Karin. Du sollst leben!«

Der Rest spricht mich nicht mehr an, im Gegenteil, stößt mich sogar ab. Ist mir zu erotisch, zu sexuell. Doch der erste Teil ist für mich. Ich weiß es im Herzen. Ich lege die Bibel zur Seite.

Du sollst am Leben bleiben, Karin!

Es ist, als wenn Gott mir persönlich zusagt, dass er mich von Anfang an gewollt hat. Er wollte, dass ich entstehe. Er hat schon im Mutterleib Ja zu mir gesagt. Er wollte, dass ich auf die Welt komme, dass ich hier lebe, auch wenn meine Eltern andere Gedanken hatten, wenn sie mich weder geplant noch gewollt haben und meinetwegen heiraten mussten. Gott hat mich geliebt – wie eine Mutter, wie ein Vater. Ich muss mich nicht mehr wegen der Probleme meiner Eltern schuldig fühlen, denn wenn sie mich auch nicht unbedingt wollten: Gott wollte mich vom ersten Tag an und will mich hier und jetzt, heute und morgen! Er sagt zu mir: Du sollst am Leben bleiben, Karin! Ich will, dass du lebst, dass du weiterhin lebst: jetzt, heute, morgen, bis ich dich zu mir nehme, nicht du selbst. Du hast Daseinsberechtigung, weil ich es will, weil ich dich vom ersten Augenblick deines Lebens an wollte.

Ich erinnere mich an einen Psalm, den ich einmal in der Jungschar gelernt habe. Ich blättere in der Bibel und überfliege einen Psalm nach dem anderen. Da ist er. Es ist Psalm 139. Ich lese ein paar Verse:

Herr, du durchschaust mich, du kennst mich
durch und durch.
Ob ich sitze oder stehe – du weißt es,
aus der Ferne erkennst du, was ich denke.
Ob ich gehe oder liege – du siehst mich,
mein ganzes Leben ist dir vertraut.
Schon bevor ich rede, weißt du, was ich sagen will.
Von allen Seiten umgibst du mich
und hältst deine schützende Hand über mir.
Dass du mich so genau kennst – unbegreiflich ist das,
zu hoch, ein unergründliches Geheimnis!
Wie könnte ich mich dir entziehen; wohin könnte ich fliehen, ohne dass du mich siehst?
Stiege ich in den Himmel hinauf – du bist da!
Wollte ich mich im Totenreich verbergen –
auch dort bist du!
Eilte ich dorthin, wo die Sonne aufgeht, oder versteckte ich mich im äußersten Westen, wo sie untergeht, dann würdest du auch dort mich führen und nicht mehr loslassen ...
Du hast mich geschaffen – meinen Körper und meine Seele, im Leib meiner Mutter hast du mich gebildet.
Herr, ich danke dir dafür, dass du mich so wunderbar und einzigartig gemacht hast!
Großartig ist alles, was du geschaffen hast –
das erkenne ich!
Schon als ich im Verborgenen Gestalt annahm, unsichtbar noch, kunstvoll gebildet im Leib meiner Mutter, da war ich dir dennoch nicht verborgen.
Als ich gerade erst entstand,
hast du mich schon gesehen.
Alle Tage meines Lebens hast du in dein Buch geschrieben – noch bevor einer von ihnen begann!
Deine Gedanken sind zu schwer für mich, o Gott,

es sind so unfassbar viele! ...
Sieh, ob ich in Gefahr bin, dir untreu zu werden, dann hol mich zurück auf den Weg, der zum ewigen Leben führt!

Ich sitze die ganze Nacht in meinem Bett und denke nach, schreibe, bete, lese in der Bibel.

Ich lese noch eine der angegebenen Bibelstellen, die mir unter die Haut geht. Ich setze meinen Namen ein:

»Karin gleicht verdorrten Beinen. Sie klagt: ›Ich bin völlig ausgezehrt und habe keine Hoffnung mehr, mir bleibt nur der Tod!‹ Darum höre die Botschaft des Herrn! Ich, der Herr, öffne dein Grab und hole dich heraus, denn du gehörst zu mir. Wenn ich dich wieder lebendig mache, wirst du erkennen, dass ich der Herr bin. Ich erfülle dich mit meinem Geist, schenke dir noch einmal das Leben und lasse dich wieder in deinem Land wohnen. Du wirst sehen, dass ich meine Versprechen halte. Mein Wort gilt!« (Hesekiel 37, 11-14)

Ich bin überwältigt. Gott kommt mir auf einmal wie ein lebendiger, realer Gott vor.

Als der Morgen schon dämmert, schlafe ich endlich ein.

Am Nachmittag schreibe ich erst einmal alles auf und ordne meine Gedanken, versuche dem nachzuspüren, was geschehen ist, und kann es noch immer nicht ganz begreifen. Ich spüre neuen Lebensmut – trotz und mit meiner Vergangenheit.

Um zwei Uhr in der Nacht klingelt zum ersten Mal der Wecker. Ich drehe mich noch einmal auf die andere Seite und döse weiter. Es klingelt zum zweiten Mal. Wieder drehe ich mich um. Ich schaffe es noch nicht aufzustehen. Beim dritten Mal stoße ich mit meinen Füßen die Decke zurück, lasse meine Beine aus dem Bett hängen und erhebe mich langsam. Es ist schon fast halb drei. Heute muss ich wieder arbeiten gehen. Während die Kaffeemaschine läuft, ziehe ich mich an. Nach einem Becher Kaffee fühle ich mich besser. Ich fahre durch die dunkle Nacht bis zur Konditorei.

Um drei Uhr ist Arbeitsbeginn. Der Chef ist noch nicht da. Ich bin erleichtert und beginne mit den Brotwaren. Ich bespritze die Croissants und die Hefebrötchen mit Eigelb, setze Dutzende von Semmeln auf die Bleche, wiege die Zutaten fürs Vollkornbrot ab und stelle einen Teig daraus her. Alles läuft routinemäßig. Ich komme mir wie ein Roboter vor. Der Teig ruht, die Semmeln backen. Nun kommen die Kuchen und Torten an die Reihe: Schwarzwälder, Früchtekuchen und noch vieles mehr. Bis um halb sechs muss alles fertig sein, damit es in die verschiedenen Läden und Restaurants, Cafés und an weitere Kunden geliefert werden kann. Zwischendurch klingeln verschiedene Wecker, die mich daran erinnern, was ich als Nächstes aus dem Ofen nehmen oder hineinschieben muss. Um halb acht ist Pause. Ich bin k. o. und trinke schweigend einen Tee. Die Erlebnisse der vorletzten Nacht klingen noch immer in mir nach. Dann kommt der Chef ins Personalzimmer.

»Was soll denn das sein?« Er trägt das Blech mit Früchteteilchen in den Händen. »Die hast du vergessen zu bestreichen. Wie sieht das jetzt aus? Die will sicher niemand kaufen!« Er meint mich. Vor allen anderen stellt er mich bloß. Die anderen sagen kein Wort. Ich fühle mich wieder mal alleine gelassen.

Ich muss mit dem Chef in die Backstube kommen. Er macht es selbst. Er bestreut die Kuchenstücke mit Puderzucker. Ich stehe daneben wie ein Lehrling in der ersten Woche und komme mir ziemlich dumm vor.

Was ich jetzt machen darf, ist: dem Chef zuschauen, hinter ihm herlaufen, aufräumen und putzen.

Die weiteren Torten und Teilchen macht er selbst. Auch er vergisst die Hälfte. Ich sage nichts. Das sollen ihm andere sagen. Immerhin darf ich den Blätterteig und den Hefeteig selbst machen. Endlich ist es zwölf Uhr. Eigentlich habe ich schon um elf Uhr Feierabend, doch der Chef erwartet von seinen Angestellten, dass sie länger schaffen oder auch früher anfangen – je nach Bedarf. Mehr Lohn sehen wir nicht – ich zumindest nicht.

Ich fahre nach Hause und denke über den Morgen nach. In mir nagt ein seltsames Gefühl. Ich fühle mich unwohl. Wie der Chef mich behandelt hat, ist einfach nicht fair. Andere – die Männer – behandelt er nicht so. Er tut so, als könnte und wüsste ich nichts. Sein Verhalten macht mich unsicher, so dass mir weitere Fehler passieren. Mein Selbstwertgefühl sinkt auf null. Vor jeder weiteren Aufgabe habe ich Angst, dass ich wieder etwas falsch machen könnte. Ich rechne innerlich schon damit, dass etwas danebengeht, und prompt geschieht es auch.

Ich schlafe über Mittag. Als ich aufwache, schreibe ich lange in mein Tagebuch:

»Mein Chef arbeitet zum Teil sehr ungenau. Das gibt oft Meinungsverschiedenheiten zwischen seinen Mitarbeitern und ihm. Ich sitze dann zwischen Stuhl und Bank. Ich getraue mich nicht, mich zu beschweren oder jemandem Fehler unter die Nase zu reiben. Umgekehrt hat bei mir niemand Hemmungen, mir zu sagen, wenn etwas nichts geworden ist – vor allem der Chef, der wohl jemanden suchen muss, der mehr oder schwerwiegendere Fehler macht als er selbst. Wenn er dann mit den anderen Probleme hat, bin ich wieder gut genug, die Vermittlerin zu spielen und zwischen den Fronten zu klären mit dem Resultat, dass ich von beiden Seiten Ärger bekomme. Manchmal stehe ich auch vor einer Aufgabe und weiß nicht, wie ich sie ausführen soll, weil mir keiner erklärt hat, wie es geht. Also wird das Ergebnis falsch und ich stehe wieder mal als Versagerin da. Mit dem Fragen ist es so eine Sache, wenn mich die anderen sowieso schon als Lehrling oder als Praktikantin behandeln. Durch Fragen bestätige ich ihnen erst recht, dass ich es nicht weiß – durch das fehlerhafte Ergebnis aber noch mehr. Ich fühle mich in meinem Beruf nicht wohl; wie in einer Zwickmühle, hin und her gerissen. Der Chef sagt mir manchmal, ich sei wie ein ›Neger‹, der nichts kann. Das tut mir sehr weh. Immerhin habe ich eine abgeschlossene Lehre. Ich finde es gemein, dass man mich so ungerecht behandelt! Sie tuscheln, lachen miteinander, reden und haben ihren Spaß miteinander, singen zur Musik, die gerade im Radio läuft. Nur ich erledige teilnahmslos meine Arbeit, so gut ich es kann. Ich getraue mich nicht, sie zu stören, zu fragen und erst recht nicht, bei ihrer ›Fete‹ mitzumachen. Meine Angst ist viel zu groß. Ich ziehe mich in mein dunkles Schneckenhaus zurück und hoffe, dass mich die anderen in Ruhe lassen. Nach einem solchen Tag weine ich fast den ganzen Nachmittag, sobald ich zu Hause bin, bis keine Tränen mehr kommen und die Kopfschmerzen hämmern. Mir fehlt es an Kraft. Der Lebenssinn ist weg, ich fühle mich leer. Die Depression hat mich voll im Griff. Ich verliere mich in der Traurigkeit, im schwarzen Dunkel. Manchmal hilft dann nur schlafen, solange es noch hell ist. Schlafen – oder Sterben. Wenn ich schlafe, merke ich nichts. Doch oft erinnert mich ein Traum an meine Realität am Arbeitsplatz oder an meine Vergangenheit. Es ist zwei Uhr. Der Wecker klingelt. Ich erwache schweißgebadet. Ich mag nicht aufstehen, fühle mich wie erschlagen. Als ich vor dem Spiegel stehe, schauen mich dick geschwollene Augen an. Ich erschrecke vor mir selbst. Bin ich das?«

Ich lege den Stift zur Seite und klappe das Tagebuch zu. Dann steht mein Entschluss fest: Ich werde kündigen. Ich lasse mich nicht mehr wie den letzten Dreck oder wie ein Flittchen behandeln. Der Chef hat mich oft genug zur Schnecke gemacht und mich gleichzeitig ausgenutzt, wenn er mich unsittlich berührt hat. Sobald er aber Hilfe braucht oder zu wenig Personal hat, soll ich jederzeit bereit sein einzuspringen. Die anderen lassen das nicht mit sich machen. Wieso ich? Habe ich Angst, dass er mich sonst noch schlimmer behandeln könnte? Ich mache mich von ihm und seinen Launen abhängig und gleichzeitig sinkt mein Selbstwertgefühl auf den Nullpunkt. Das will ich ab heute ändern.

Ich setze mich an den Computer und schreibe die Kündigung.

Diesmal werde ich nicht warten, bis die Kündigung von meinem Chef kommt, wie ich es bis jetzt immer wieder erlebt habe, sondern werde selbst die Initiative ergreifen. Diesmal ist es meine Entscheidung – nicht die eines anderen über mich. Ich will und werde mich schützen.

Gleichzeitig spüre ich die Angst im Nacken, dass mir bei der nächsten Stelle wieder das Gleiche oder Ähnliches geschehen könnte, dass die anderen kein Verständnis für mich haben, dass sie mir nicht zeigen, wie etwas geht, so dass mir dann wieder Fehler passieren. Ich habe Angst, dass der Teufelskreis von vorne beginnt – oder dass ich gar keine Stelle finde, dass mich niemand nehmen will. Tausend Gedanken beschäftigen mich. Aber: Ich werde bei der jetzigen Stelle aufhören. Das mache ich nicht mehr mit – so viel steht fest!

Wie soll es nun weitergehen?

Zum ersten Mal seit langer Zeit laufe ich wieder einmal mit Alex durch den Wald. Ich habe keine Angst mehr. Alex ist da – und Gott. Ich habe das Gefühl, dass er näher ist oder dass ich ihn mehr spüre als vorher. Ich denke über meine Zukunft nach. Und doch drängen sich immer wieder Gedanken über die Vergangenheit auf. Noch immer nagt die Frage an mir, wo Gott in all den schwierigen Situationen war, die ich erlebt habe: mit meinem Vater, mit den Schulkameraden, mit dem Onkel, mit dem Nachbarn, mit Kurt, die vielen Ablehnungen, Absagen, Kündigungen, wie andere mich behandelten ...

»Gott, wo warst du?«, schreie ich in ein dunkles Tannenwäldchen hinein. Alex bleibt stehen und lauscht, als wenn er eine Antwort hören würde.

»Warum hast du nichts getan? Warum hast du zugesehen, wie die anderen mich verletzten?«

Ich setze mich auf einen Baumstumpf und weine. Der tiefe Schmerz bricht ein weiteres Mal hervor und schüttelt mich. Alex kommt zu mir gelaufen und legt seinen Kopf auf meinen Schoß. Er schaut mich an und winselt, als wenn er mir sagen wollte: »Ich bin doch da!«

»Aber wo war Gott, den ich so gebraucht hätte? Hat er meine Gebete überhaupt gehört? Wieso hat sich nichts geändert? Wieso wurde die Situation noch schlimmer?«

Warum ich? Erlebten andere Menschen auch derartige Dinge? Oder zog ich etwa Situationen an, in denen mich andere Menschen – insbesondere Männer – ausnutzen konnten? War ich zu offen? Zu naiv? Zu ängstlich? Ich sage vielleicht zu selten und zu undeutlich Nein. Die Angst vor einer negativen Reaktion sitzt mir ständig im Nacken. Andererseits erlebe ich so oder so eine negative Reaktion, ob ich schweige oder Nein sage. Was habe ich also zu verlieren? Die Harmonie, nach der ich mich sehne, habe ich bis jetzt so gut wie nie erreicht, auch wenn ich alles gegeben habe. Ich habe vielleicht ein paar Konflikte vermieden, doch dafür andere Konflikte – in mir selbst – hervorgerufen.

Das war es nicht wert! Wieso habe ich das bis jetzt nicht gesehen?

Auf einmal ist mir, als wenn mir eine innere Stimme zum

zweiten Mal sagt: »Karin, du sollst am Leben bleiben und heranwachsen wie eine Blume auf dem Feld! Ich mache dich wieder lebendig. Du wirst sehen, dass ich mein Versprechen halte. Mein Wort gilt! Ich will, dass du lebst!« War das Gott? Das waren doch die Sätze aus dem Buch Hesekiel, die mich vom Selbstmord abgehalten haben.

Ich soll leben. Was heißt leben für mich? Auf jeden Fall nicht das Dahinvegetieren, das ich bis jetzt erlebt habe. Ich will leben! Erfüllt leben. Zufrieden. Mit mir selbst zufrieden. Hatte Gott gerade gesprochen? War das seine Antwort auf meine Fragen? Würde er mir nie eine Antwort auf meine Fragen nach meiner Vergangenheit geben, sondern nur Antworten für hier und jetzt?

Auf dem Heimweg werfe ich bei der Post die Kündigung ein. Ich habe gemischte Gefühle. Einerseits bin ich unendlich erleichtert, andererseits habe ich Angst vor der Reaktion meines Chefs – wieder einmal.

Ein paar Tage später merke ich, dass im Geschäft dicke Luft ist. Der Chef spricht kein Wort mit mir und verbreitet schlechte Stimmung. Ob es wegen der Kündigung ist? Ich getraue mich nicht zu fragen, sondern tue meine Arbeit – so gut wie möglich. Am Nachmittag überrollen mich die Kopfschmerzen, die zu einer Migräne werden. Ich muss erbrechen. In der Nacht sind sie noch genauso schlimm. Am anderen Morgen kann ich nicht aufstehen. Mir ist elend zumute. Ich rufe im Geschäft an, um zu sagen, dass ich krank bin. Der Chef ist am Hörer. Er antwortet nichts, sondern legt einfach auf. Verdattert halte ich den Hörer in der Hand. So etwas ist mir noch nicht passiert. Doch die Kopfschmerzen sind zu stark, als dass ich lange darüber nachgrübeln könnte.

Nach zwei Tagen komme ich wieder zur Arbeit. Der Chef behandelt mich noch immer wie Luft. Eigentlich habe ich noch ein paar Fragen an ihn, aber ich getraue mich nicht, ihn anzusprechen. Ich habe Angst, dass er dann vielleicht explodiert. Ich möchte ihn fragen, wie viele Ferientage ich noch gut habe und bis wann ich noch arbeiten muss. Ab Januar höre ich auf. Vorher ist noch Weihnachten und Silvester. Muss ich an den Feiertagen arbeiten? Der Arbeitsplan ist erst bis Ende der Woche geschrieben. Weihnachten ist in zehn Tagen. Ich möchte gerne planen, wissen, woran ich bin. Das Arbeitsklima wird noch unerträglicher, als es schon war. Der einzige Vorteil ist, dass der Chef mich nicht mehr anfasst. Das ist ein Vorteil!

Die anderen Arbeitskollegen gehen mir aus dem Weg. Ich fühle mich schlecht.

Zum Glück kann ich zwischendurch immer wieder mit Fau Seifert sprechen, mit ihr die Situationen durchgehen und meine Gefühle rauslassen. Fast täglich gehe ich mit Alex spazieren. Im Wald schreie ich oft und lasse meine Wut heraus. Ich werfe Stöcke, so weit ich kann, schleudere sie manchmal mit voller Wucht gegen einen Baum, schmeiße sie möglichst weit von mir weg, als wenn alle Negativerfahrungen der letzten Tage daran hängen würden – auch wenn Alex mir jedes Mal das Holzstück wieder zurückbringt – der treue Freund.

An Weihnachten muss ich noch arbeiten. Ab dann habe ich frei.

Dieses Jahr werde ich Weihnachten nicht mit meinen Eltern feiern. Ich habe in den letzten Monaten genug erlebt. Ein konfliktbeladenes Familienfest tue ich mir nicht auch noch an. Ich brauche jetzt Zeit. Zeit zum Loslassen, zum Nachdenken, Zeit, um mich neu zu orientieren, um neue Schritte zu wagen. Es wird eine anstrengende, ungewisse Zeit werden, aber ich will mich darauf einlassen!

Altes loslassen und weitergehen

Silvester. Ich sitze mit etwa fünfzig anderen Leuten im Gemeindesaal. Vor mir stehen zahlreiche flackernde Kerzen. Sie bilden ein Kreuz. Ich verliere mich im Lichterschein. Aus der Ferne höre ich die Stimme des Pastors. Er spricht vom alten Jahr, vom Loslassen. Wir singen Lieder. Dann ein lateinisches Lied, immer wieder dasselbe. Es tut mir gut. Ich singe nicht mit, sondern lausche dem Widerhall der Klänge.

Der Prediger fordert uns auf, einen trockenen Zweig aus dem Korb in der Mitte zu nehmen und das alte Jahr an uns vorüberziehen zu lassen. Nacheinander gehen wir nach vorne und holen ein Zweiglein heraus. Mein Zweig hat keine Blätter mehr, nur Dornen. Wieso habe ich ausgerechnet diesen Zweig herausgezogen? Im Hintergrund erklingt leise Musik. Ich versenke mich mit meinem Zweig in der Hand. Vertrocknetes. Dornen. Schmerzen. Die vergangenen Jahre waren voller Schmerzen, voller Erinnerungen an meine Vergangenheit, die mich gequält haben. Ich denke an Situationen, in denen ich am Ende meiner Kräfte gewesen bin: der Selbstmordversuch, die Tag- und Nachtträume, die Arbeit, Begegnungen, die Sache mit Kurt, der Prozess. Die letzten Jahre und ein Großteil aus meinem Leben ziehen an meinem inneren Auge vorüber. Es tut weh, aber es ist, wie es ist. Es darf sein. Ich nehme wahr, was gewesen ist, was ist, was gerade jetzt in mir ist. Ich muss weinen. Stille Tränen rollen meine Wangen hinunter. Leise suche ich nach einem Taschentuch und trockne die Tränen. Ich merke, dass ich nicht die Einzige bin, die sich das Gesicht abtrocknet. Ich weine weiter. Leise. In mir wächst der Druck. Vieles will herausbrechen, sich in einem Schluchzen Bahn brechen. Ich wehre mich, will nicht vor den anderen losheulen. Ich will nicht zeigen, wie mir tatsächlich zumute ist. Doch ich kann mich nicht mehr wehren. Ich gebe nach und lasse meinen Tränen freien Lauf. Ich lasse auch das Schluchzen zu. Die Scham weicht. Andere schluchzen auch. Es ist erlaubt. Ich bin froh, dass in der Kirche Raum zum Weinen ist. Ich weine über den Schmerz meines Lebens. Ich lasse die Trauer zu. Ich nehme mein Leben an, so wie es war und wie es ist. Ich akzeptiere meine Vergangenheit. Ich heiße die schlimmen Erlebnisse nicht gut, aber ich wehre mich nicht mehr gegen sie. Sie gehören von nun an dazu, sind Teil meines Lebens.

Der Pastor fordert uns auf, mit unseren Zweigen zum Eingang des Gemeindesaals zu gehen. Singend laufen wir den Gang entlang, an den Stuhlreihen vorbei nach draußen. Kalte Luft weht mir ins Gesicht. Um ein Feuer bilden wir einen Kreis. Jeder von uns soll seinen Zweig hineinwerfen und sich so symbolisch vom alten Jahr, von dem, was war, trennen. Ich warte bis zum Schluss. Es fällt mir doch schwer, tatsächlich loszulassen, auch äußerlich, mit einem sichtbaren Zeichen. Schließlich gehe ich zum Feuer. Ich zögere. Dann lasse ich los. Mein Dornenzweig fällt ins Feuer und wird von den Flammen verschlungen, bis er nicht mehr ist. Schweigend schließe ich mich den anderen an, die an ihren Platz zurückpilgern.

Wieder singen wir ein paar Lieder. Ich singe selten mit, meistens lausche ich. Nun weist der Pastor auf zwei Erdhaufen in der Mitte.

»Es gibt dort kleine Blumentöpfe, Erde und Blumenzwiebeln. Jeder darf eine Zwiebel pflanzen, als Zeichen für den Neuanfang, für das neue Jahr, für neues Leben, das sich entfalten will.«

Nacheinander stehen die Gottesdienstbesucher auf, wühlen in der Erde, pflanzen, graben, bohren die Zwiebeln in die Erde.

Auch ich pflanze neues Leben. Draußen habe ich mich bewusst entschieden, das Alte sichtbar loszulassen. Ich will es nicht mehr vergraben, nicht mehr ignorieren. Ich habe es wahrgenommen und angenommen, habe offen mit Frau Seifert oder in meinem Tagebuch über alles gesprochen, auch mit Gott. Nun hat das Dunkle keine Macht mehr über mich. Es darf mich nicht mehr quälen, und ich will auch nicht mehr darum kreisen. Wenn die Wunden meiner Vergangenheit geheilt sind, werden immer Narben zurückbleiben – sichtbar, aber Neues hat Raum: das Leben. Ich fülle meinen Blumentopf mit Erde, nehme eine Zwiebel, eine große Zwiebel, und stecke sie hinein. Sie braucht Platz. Den soll sie haben. Ich mache genug Platz. Während ich die Zwiebel im nährstoffreichen Boden versenke, flüstere ich mir zu: »Ich will leben. Ich will es versuchen! Ich will mit diesem Gott leben, dem ich als Kind vertraut habe. Ich will ihm neu vertrauen – trotz und mit meiner Lebensgeschichte!« Dann gehe ich mitsamt dem Blumentopf an meinen Platz zurück. Die Blume soll ein Zeichen sein, das mich ständig begleitet, ein sichtbares Zeichen, das mich immer wieder an meinen Entschluss erinnert.

Nun feiern wir noch das Abendmahl. Ich spüre das Brot in meinem Mund. Gott ist Leib geworden, Körper, Mensch, fassbar, spürbar, konkret. Ich muss meinen Körper nicht mehr verachten. Ich darf ihn annehmen, spüren, leiblich sein.

Dann geht der Kelch herum. Ich verstehe vieles vom Abendmahl noch nicht, aber das macht nichts. Jetzt ist der Wein ein Zeichen des Lebens für mich, des Lebens in mir. Eine neue Erfahrung. Es ist, als wenn eine innere Stimme zu mir sagen würde: Du sollst leben, Karin; lebe! Der Wunsch zu leben erwacht in mir. Ich fühle etwas wie Freude, Vorfreude – auf was?

Wir stehen auf, legen unsere rechte Hand auf die Schulter unseres rechten Nachbarn. Die linke Hand halten wir in die Mitte, öffnen die Handfläche zu einer Schale, um den Segen

Gottes zu empfangen. Ich bin offen zum Empfangen und Weitergeben:

Ich erhebe mich heute
inmitten der Kräfte des Himmels und der Erde,
im Brausen der Stürme und im Fluten der Meere –
unter mir die Feste der Erde,
vor mir die Härte der Felsen!
Ich weihe mich heute Gottes mächtiger Führung.

Christus sei mit dir,
Christus sei vor dir,
Christus sei in dir,
Christus sei unter dir,
Christus sei über dir,
Christus zur Rechten,
Christus zur Linken,
ER die Kraft,
ER der Friede!

Das sind irische Segenswünsche, die ich sehr liebe.

Ich habe empfangen und weitergegeben. Auf dem Heimweg atme ich die kalte Luft tief in mich ein und wieder aus. Ich atme. Ich lebe. Ich weiß nicht, wie es weitergehen wird, welche Stürme und Tiefen es noch durchzustehen gibt, wie viele Rückfälle und dunkle Täler kommen werden, aber ich weiß, dass ich losgelassen und mich einem Größeren überlassen habe – Gott.

Meine Grenze spüren

Wieder einmal stehe ich vor meinem Kleiderschrank und überlege, was ich heute anziehen könnte. Ich habe frei, habe keinen Termin, da bietet sich wie immer ein Hausanzug an ...

Schon will ich nach den üblichen Kleidungsstücken greifen, als ich einen Moment lang zögere. Im Schrank hängen etwa zehn andere – moderne – Hosen und noch mehr modische Oberteile, die ich noch nie getragen habe. Ich suche eine Hose heraus und nehme mir ein enges T-Shirt mit einer passenden Weste aus dem Schrank. Ich will es wagen. Mein Puls schlägt schneller.

Die Hose ist eng, aber nicht zu eng. Ich spüre darin meinen Körper, meine Haut, meine Grenze zwischen innen und außen. Ich gehe zum Wandspiegel und betrachte mich. Nicht schlecht, denke ich und schlüpfe noch ins T-Shirt. Es ist kurzärmelig. Ich sehe meine nackten Arme. Die nackte Haut. So ganz wohl ist mir nicht mehr, ich fühle mich ausgestellt. Alles bildet sich ab: Brüste, Bauch, Hintern, Schenkel. Das ist ziemlich ungewohnt.

Vielleicht kann ich einiges unter der Weste verbergen. Ich ziehe noch das dritte Kleidungsstück an und mustere mein Spiegelbild noch einmal von oben bis unten.

Die Weste sitzt perfekt und kaschiert genau die Stellen, die ich nicht zeigen möchte.

Ich bleibe noch eine Weile stehen, schließe zwischendurch die Augen und versuche zu spüren. Ich spüre meinen Körper. Ich spüre meine Haut, auf der die Kleider eng anliegen. Ich spüre mich.

Ich brauche etwas Zeit, um mich an den neuen Look und vor allem an das neue Gefühl zu gewöhnen. Den Vormittag über laufe ich in der Wohnung herum und schaue zwischendurch in den Spiegel. Ich vergesse von Zeit zu Zeit sogar, dass ich ganz neue und andersartige Kleider trage.

Am Nachmittag wage ich mich nach draußen. Ich mache einen Stadtbummel. Gemütlich schlendere ich durch die Einkaufsstraße und sehe mir die Schaufenster an.

Meine Befürchtungen, dass mich alle anstarren werden, treffen nicht ein. Die Leute, die unterwegs sind, eilen durch die Straße und sind so sehr mit sich selbst beschäftigt, dass sie mich gar nicht beachten.

Ich bleibe vor dem Schaufenster des »Young people« stehen und betrachte mich darin. Das bin ich. Bei meinem letzten Einkauf habe ich diese drei Kleidungsstücke in dem Laden gekauft, vor dem ich stehe. Ich erinnere mich, wie unwohl ich mich dabei gefühlt habe.

Ich laufe weiter. Bis zum Ende der Einkaufsstraße ist es noch ein langer Weg. Ich gehe Schritt für Schritt, von Schaufenster zu Schaufenster. Ich habe Zeit.

Ich lebe weiter. Bis zu meiner vollkommenen Heilung liegt noch ein Stück Weg vor mir. Ich werde ihn Schritt für Schritt gehen. Ich lasse mir Zeit.

Lieber Lukas,

schade, dass du bei meiner Taufe gestern nicht dabei sein konntest, weil du arbeiten musstest. Meine Taufe wäre mit dir noch viel schöner gewesen. Weil der gestrige Tag ein ganz wichtiger für mich ist, möchte ich dir in diesem Brief davon berichten. Ich bin von den Eindrücken noch ganz erfüllt, und so lange sie noch frisch sind, schreibe ich sie für uns beide auf.

Mir ist gestern bewusst geworden, dass ich in der Gemeinde inzwischen eine Heimat gefunden habe. Von Anfang an wurde ich dort herzlich willkommen geheißen und so akzeptiert, wie ich bin. Noch nie habe ich so schnell Anschluss in einer Gemeinschaft gefunden wie in dieser. Ich versuche bei jeder Gelegenheit, in den Gottesdienst zu gehen und keinen zu verpassen, außer wenn ich arbeiten muss. Wenn ich nicht hingehen kann, merke ich, dass mir etwas Wichtiges fehlt.

Das Thema Taufe hat mich schon lange beschäftigt. Viele Monate lang habe ich mich damit auseinander gesetzt und gemerkt, dass es für mich an der Zeit ist, mich taufen zu lassen und ein Zeichen zu setzen, dass ich nun mit Christus leben will, dass für mich ein neues Leben begonnen hat.

Wir waren zu sechst: drei Erwachsene und drei Kinder, die sich taufen ließen. Nach dem Gottesdienst sind wir zu einem Waldsee gelaufen. Auf dem Weg haben wir gesungen, gelacht, geredet. Es war wie ein Festzug. Ich habe meine Taufe als etwas ganz Besonderes erlebt, das ich kaum in Worte fassen kann.

Bevor ich unter Wasser getaucht wurde, ist mein bisheriges Leben noch einmal wie ein Film vor meinem inneren Auge abgelaufen. Und das Schöne daran war, dass ich erkannt habe, wie ich in den schlimmsten Momenten von Jesus an der Hand gehalten wurde. Es war nicht so, dass Gott weit weg war. Er war da.

Dann wurde ich untergetaucht – das war schon ein Stück weit ein Sterben. Ich hasse es sowieso, mit meinem Körper ganz im Wasser zu sein. Das Taufkleid war zwar noch wie eine Hülle um mich herum, aber vor Gott sind wir ja nackt, und beim richtigen Sterben ist es genauso. Da gibt es keine Hüllen mehr. Das »Nackt-vor-Gott-Stehen« ist einerseits schlimm, denn da merke ich, wer ich wirklich bin. Da kann ich Gott nichts mehr vormachen. Andererseits ist es auch unendlich befreiend, denn gerade so, wie ich bin, nimmt Gott mich bedingungslos an und liebt mich unendlich – ohne Hülle, ohne Leistung! Diese Annahme und Liebe gibt mir Lebensmut.

Der Moment, als ich wieder aus dem Wasser auftauchte, war für mich ein Augenblick der Auferstehung, mit der etwas Neues beginnt: ein neuer Lebensabschnitt, das Leben überhaupt, auch eine neue Motivation zu leben, nämlich bewusst mit Christus zu leben beziehungsweise Christus in mir leben zu lassen und ihm Raum zu geben. Dieses Auftauchen aus dem Wasser ist für mich auch ein Zeichen, dass nun Neues möglich ist: die Fähigkeit zum Handeln, zum Entscheiden, zum Leben. Ich weiß nun, dass ich zu Christus gehöre, weil ich auf seinen Namen getauft bin. Meine Taufe ist der sichtbare Beweis. Daran kann ich mich immer erinnern.

Ich spürte einen tiefen Frieden in mir und ganz besonders die Freude, dass ich diesen Schritt gegangen bin. Dieser Friede klingt noch in mir nach und ich hoffe, dass er bleibt!

Als Taufspruch bekam ich Johannes 14, 27: »Frieden hinterlasse ich euch, meinen Frieden gebe ich euch; nicht einen Frieden, wie die Welt ihn gibt, gebe ich euch. Euer Herz beunruhige sich nicht und verzage nicht!«

Dieser Vers ermutigt mich. Er spricht in mein Leben, in meine Situation hinein. Gerade den Frieden Christi brauche ich, keinen Scheinfrieden, keine Scheinharmonie. Wenn ich Frieden von Gott habe, dann bin ich nicht mehr abhängig von anderen Menschen oder von einer vordergründig heilen Welt. Dass dieser Friede bleibt und in meinen Alltag, in die Arbeit, in die Freundschaft mit dir, in meine Beziehungen hineinwirkt, das wünsche ich mir. Dann muss ich mich nicht beunruhigen oder verzagen!

Im Anschluss an die Taufe haben wir noch gegrillt. Es war ein wahres Fest. Wie gesagt, schade, dass du nicht dabei sein konntest, aber wir können ja noch ein Fest zu zweit feiern ...

Die Taufe war rückblickend ein Bekenntnis vor der sichtbaren und unsichtbaren Welt, dass ich zu Christus gehöre, dass ich mit ihm leben will – ja, dass ich von nun an wirklich lebe.

Lieber Lukas, jetzt kennst du außer der Karin von jetzt auch viel von meiner Vergangenheit – ein großes Stück von mir selbst. Es sind überwiegend traurige Erinnerungen, die ich mit dir geteilt habe, aber wahre, die ich nicht beschönigen will. Entscheidend ist, wie ich heute damit umgehe und wie ich heute mit dem lebe, was einmal war und was mein Leben geprägt hat.

Das Vergangene ist keine dunkle, bedrohende Wolke mehr, die mich verfolgt und vor der ich ständig auf der Flucht bin. Es ist eine Tatsache, der ich inzwischen ins Gesicht sehen kann und die zu meiner Lebensgeschichte gehört, wie eine Narbe, die von einer großen, aber verheilten Wunde zeugt, die immer sichtbar bleibt und an das Geschehene erinnert, manchmal vielleicht noch wehtut, aber nicht mehr ständig schmerzt.

Ich bin keine Maus mehr, die in der Falle sitzt, auch keine Schnecke, die sich vor lauter Angst in ihrem Haus versteckt. Für mich ist es wichtig, im Hier und Jetzt zu leben, aus der Vergangenheit für die Gegenwart zu lernen und mit neuer Hoffnung in die Zukunft zu gehen. Heute kann ich mich auf das Morgen freuen und bin gespannt, was das Leben bringt, das Gott mir schenkt. Das Leben ist schön! – Meistens!

Das Leben mit dir ist schön, Lukas! Du hast mich letzte Woche nach meinen Zukunftsträumen gefragt. Ich habe dir nur eine schwammige Antwort gegeben, weil ich mich nicht getraute, dir meine wahren Träume zu erzählen. Aber jetzt will ich sie dir mitteilen: Ich wünsche mir eine eigene Familie mit Kindern und Haustieren. Nicht mit irgendwem. Ich wünsche mir eine Zukunft mit dir!

Das motiviert mich!

Aber überlassen wir es am besten Gott!

Ich freue mich, dich bald wieder zu sehen, zu hören oder zu lesen und schließe für heute.

Deine Karin

PS:

Karin – das bin ich.

Ich bin unterwegs und stehe immer wieder vor neuen Herausforderungen.

Ich habe Hoffnung, wenn ich sehe, was sich schon alles geändert hat und wie ich Stück für Stück heil werden darf. Ich spüre langsam meinen Körper wieder. Ich spüre mich.

Gott hat mir ganz besonders geholfen. Er will, dass ich lebe, und das will ich auch. Er hat mich von Anfang an gewollt; ich will mich inzwischen auch! Zu erleben, dass mich auch Menschen mögen, ist ein besonderes Geschenk für mich!

Seit ich einen größeren Abstand – räumlich und innerlich – zu meinen Eltern habe, ist die Beziehung zu ihnen viel besser geworden. Wenn ich meine Mutter anrufe, dann reden wir lange zusammen – nicht über unser Innerstes, aber wir reden. Meistens ergreife ich die Initiative und rufe an. Wir sprechen über Alltägliches, über Aktuelles, jedoch nie über unsere Vergangenheit, über Papas Trinkerei oder über die Familienverhältnisse. Neulich waren wir sogar zusammen Eis essen, was wir in meinem ganzen Leben noch nie getan haben. Ich wusste im ersten Moment gar nicht, wie mir geschieht.

Papa kommt ab und zu auch ans Telefon und redet. Früher hätte er entweder den Hörer gar nicht in die Hand genommen oder er hätte kein Wort gesagt. Er hat sich bis jetzt nie für mich interessiert. Er trinkt vermutlich auch weniger Alkohol. Seit ein paar Monaten bedient er ab und zu in einem Pub, da kommt er nicht mehr so viel zum Trinken. Einer seiner Brüder hat sich durch den Alkohol selbst zerstört und ist daran gestorben. Das hat Vater vielleicht auch nachdenklich gemacht.

Zu Familienfesten gehe ich nicht so gerne. Die Verwandten stellen neugierige Fragen. Auch Besuche bei meinen Eltern sind mit viel Stress verbunden. Da schweben Erwartungen in der Luft, was ich alles machen und wen ich besuchen sollte.

Was mich ganz besonders ermutigt hat, ist, dass sich mein Freund mit meinen Eltern gut versteht. Er hat einen guten Draht zu meinem Vater und sie teilen verschiedene Interessen, wie zum Beispiel das Basteln an alten Fahrzeugen und Traktoren. Wenn wir meine Eltern zu zweit besuchen, dann ist die gemeinsame Zeit recht entspannt und locker. Wir lachen viel und es ist, als wenn wir schon immer eine gute Beziehung gehabt hätten. Wenn ich meine Eltern alleine besuche, dann kommen die alten Muster schneller zum Vorschein.

Meine Mutter mag meinen Freund. Nachdem sie ihn ein bisschen besser kennen gelernt hatte, sagte sie mir, dass ich um Lukas wirklich froh sein könne und dass ich dafür sorgen solle, ihn nicht zu verlieren.

Ein heilender Schritt in Bezug auf meine Familie war das Loslassen der Verantwortlichkeit. Ich bin weder für meine Eltern noch für das Leben meiner Geschwister verantwortlich. Es hat lange gedauert, bis ich das verstanden habe und auch wirklich loslassen konnte. Ich bin auf Distanz zu meiner Familie gegangen. Die räumliche Distanz hat mir dabei auch geholfen.

Ich bin nicht für alle und jeden verantwortlich. Wichtig ist, dass ich für mich, für mein Leben und mein Verhalten die Verantwortung übernehme, dass ich auch unterscheiden lerne, was in meinem Verantwortungsbereich liegt und was nicht.

NEIN sagen ist für mich immer noch eine der größten Herausforderungen. Es fällt mir in gewissen Situationen schwer, Grenzen zu setzen. Ich bin jedoch dabei, meine Grenzen wahrzunehmen, herauszufinden, was ich will, und das auch mitzuteilen und zu leben. Ich lerne schrittweise im Alltag mich zu wehren, meine Meinung zu sagen und zu widersprechen. Jeder kleine Schritt dahin ist ein Erfolg für mich.

Rückfälle? Ja, die habe ich. Ich erlebe noch immer Tage, an denen alles hochkommt, an denen ich den Ekel von damals wieder spüre. Ich habe immer wieder Mühe mit meinem Aussehen, mit meinem Körper und trage nach wie vor am liebsten einen Trainer. Dann träume ich von meinem Ideal, von einer Traumfigur, einem Traumleben – das eben ein Traum bleibt.

Ich glaube, dass es Heilung von den Nachwirkungen des Missbrauchs, von schlimmen Erinnerungen und von Depressionen gibt, auch von all dem, was in der Vergangenheit gewesen ist. Doch es braucht Zeit.

Besonders wichtig sind in diesem Prozess Menschen, die Verständnis zeigen, die zuhören, die mich ernst nehmen und mir Zeit lassen.

Gerade bei Christen und in Gemeinden sollten Menschen, die beladen und belastet sind, Hilfe bekommen, weil gerade Christen das wahre Leben kennen oder doch kennen sollten.

Ich frage mich: Wo sollen denn Betroffene, Leidende, Verletzte Zuflucht finden, wenn nicht bei Menschen, die ihre Kraft von Gott holen, die Jesus – das Leben selbst – zum Vorbild haben, der für alle Menschen offen war: erst recht für Erniedrigte, Arme, Kranke, Ausgestoßene, Verachtete?

Heute mache ich noch eine ambulante psychiatrische Therapie bei einer Frau und habe zusätzlich Gespräche mit einer Seelsorgerin, was ich beides als sehr wichtig erachte: Menschen, die zuhören, die begleiten, nachfragen und zum Nachdenken bringen. So setze ich mich immer wieder bewusst mit den Themen und Situationen auseinander, denen ich sonst vielleicht ausweichen würde.

Ich will Betroffenen mit dem Erzählen meiner Erlebnisse Mut machen, über das, was sie jahrelang verdrängt haben, zu sprechen, es Menschen zu sagen, denen sie vertrauen. Ich wünsche mir auch, dass viele dazu ermutigt werden, Menschen mit einer schwierigen Vergangenheit zu verstehen, ihnen zuzuhören und sie anzunehmen. Wir brauchen Mitmenschen, die uns verstehen, die uns glauben, was wir sagen, und die uns Zeit lassen, Schritt für Schritt aus dem Dunkel zu kommen und den Ausweg zu betreten, den es immer gibt.

Gott,

ich überlasse mich dir
mit allem Nicht-Verstehen,
mit allen ungelösten Fragen,
mit allen Klagen.

Ich überlasse mich
deinen Händen,
deinen Augen,
deinem Herzen.

Ich überlasse dir
meinen Schmerz,
meine Feinde,
mein Gestern, Heute
und mein Morgen.

Ich lasse
meine eigene Stärke,
meine lächelnde Maske,
meine tapfere Haltung.

Ich –
schwach,
bedürftig,
ohn-mächtig

– so wie du, Herr.

Sabine Herold